ボーデン・バレット

BEAUDY

世界王者の司令塔　～頂への道のり～

ボーデン・バレット
リッキー・スワンネル 著
山内 遼 訳

ベースボール・マガジン社

BEAUDY
Skills, drills & the path
to the top
with Rikki Swannell

First published 2020 by Upstart Press Ltd

Printed by Everbest Printing Co. Ltd., China

◀小さいころは「ラビット、頑張って」と声援を受けながら、よく走っていた

▼タラナキ山をバックに撮られたバレット家の子供たち。左からエラ、ザラ、ジェンナ、ジョーディー、ブレイク、スコット、ボーデン、ケーン

▲ラグビー大会でライバル校に勝ちマクロード・シールドを獲得した後の誇らしげな一枚。バレット家の3人がプンガレフ小学校の選手として写真の最前列に並ぶ。左から2番目が兄のケーン、中央がキャプテンを努めた従兄弟のジョシュア、そして右端がボーデン。左に挿入されているのはコーチを務めていた父

▲ワイカト戦の勝利を祝う父。この後、家族でアイルランドへ渡るまでもう1シーズン、アンバー・ブラックに身を包んで戦った。1998年シーズン終盤、ニュープリマス「ブルリング」の別名で知られるタラナキのホーム、ヤロウスタジアムにて

▲FDMC（フランシスダグラスメモリアルカレッジ）ファーストXV。膝立ちの左端がボーデン、後列左から5番目がケーン。（2008年）

◀セブンズNZ代表を率いていたサー・ゴードン・ティッチェン。「彼の姿を見るだけで怖くて震え上がっていた」

▶ロンドンセブンズのプレートファイナルのトロフィーと共に。2010年

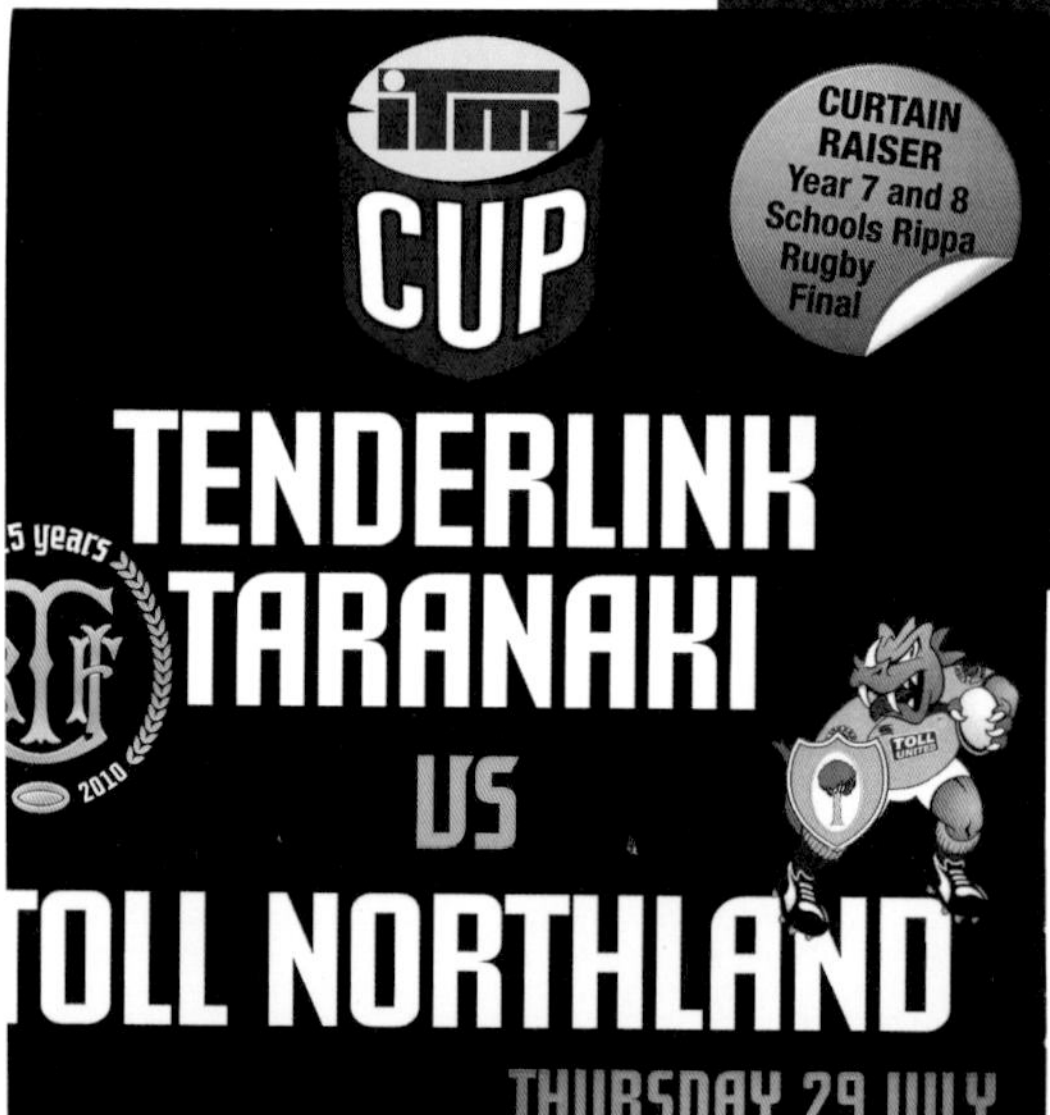

◀キャリアの中でも特に思い出深い試合のプログラム。2010年、ヤロウスタジアムでのノースランドとの一戦でタラナキデビューを果たした

▶アルバニーでのノース・ハーバーとの死闘でパスを放ろうとするボーデン。2010年、タラナキのSOとしての初先発。49−47の熱戦で19得点を決め、敵地での勝利に大きく貢献した

◀ハリケーンズの高校生チームでの一戦の後、父と（2009年）。「スーパーラグビーのチームと契約するときも、やはりハリケーンズだった」

▲ハリケーンズのアシスタントコーチだったアラマ・イエレミア氏。
「僕のアタック面での成長に大きな影響を与えてくれた」

◀2011年のU20ジュニア・ワールド・チャンピオンシップ初戦ウェールズ戦でボールを運ぶボーデン。イタリア、ロヴィーゴにて

▲U20ジュニア・ワールド・チャンピオンシップを制し、トロフィーとメダルを掲げ喜びを爆発させる（2011年）

◀15－12でサウスランドを破りランファリーシールドを獲得。5本のペナルティゴールを決めた（2011年）

▲父が1996年に成し遂げたように、ボーデンは2011年にランファリーシールドを農場に持って帰ることに成功した

母と父へ、変わることのない支えと愛情に。
今まで僕に関わってくれた全てのコーチへ、
僕の選手として、人間としての成長と発展に。
チームメートへ、フィールドの中でも外でも、
全ての楽しい瞬間と、幾多の挑戦に。
最後に、美しい妻、ハンナと最愛の娘、ビリーへ、
無条件の愛に、全てに感謝…。

ボーデン・バレット

BEAUDY

世界王者の司令塔 ～頂への道のり～

－目次－

CONTENTS

第2章　ザ・ナキ、そしてセブンズ

第3章　激動の年

第4章 オールブラック#1115

第5章　ラグビーのスキルの基本

第6章 プロフェッショナルとは

第7章　ゴールそして心構え

※本書に登場する人物の肩書や所属は原書刊行時（2020年）の記載による

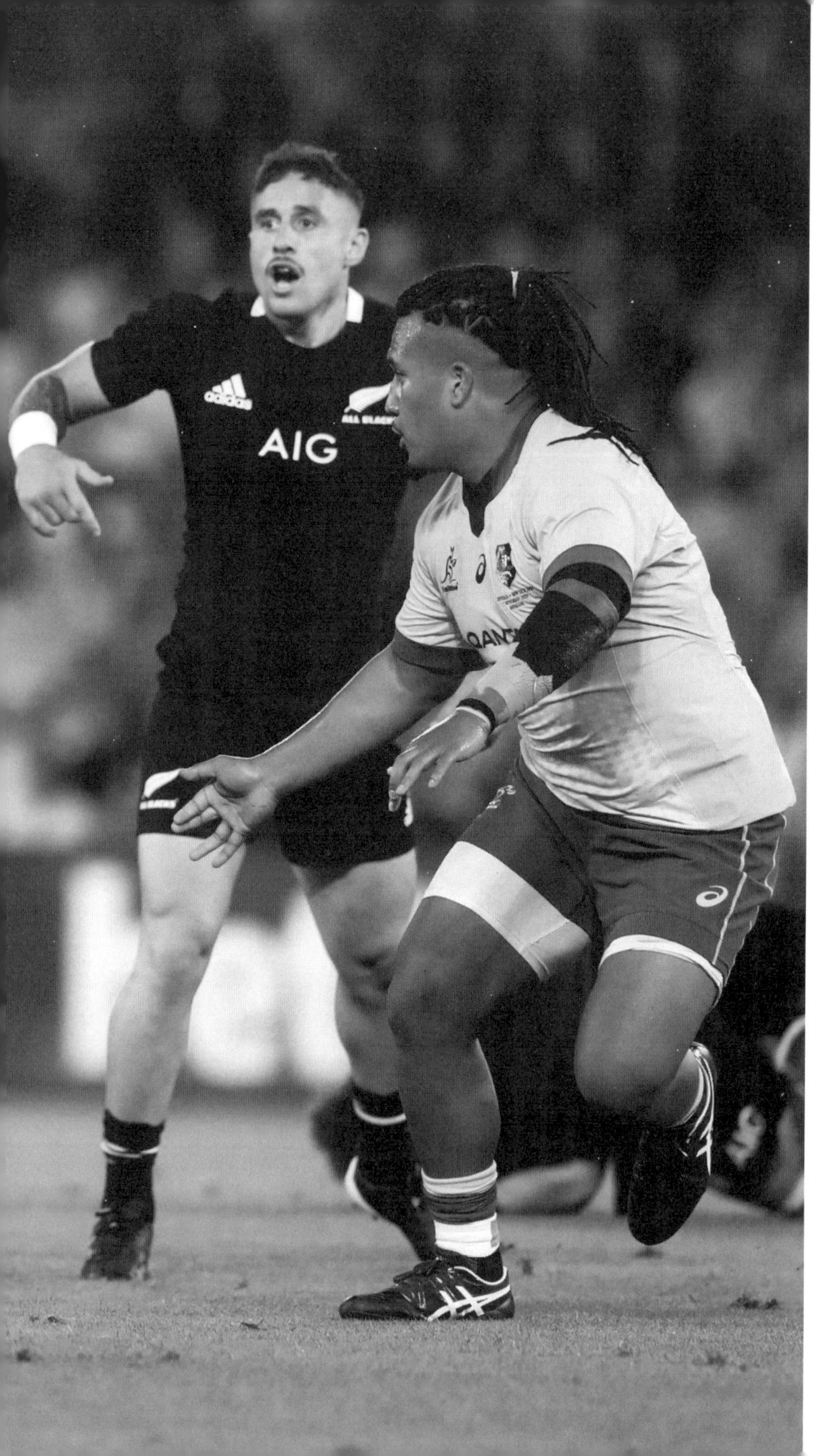
adidas
AIG

adidas
ALL BLACKS
AIG
ALL BLACKS

父からボーデンへ

私たちのいとしのタラナキっ子

我が家の子供たちは、スポーツという星の下に生まれた。きらきら光るおもちゃこそなかったけれど、スポーツ用具ならそろっていた。丸いボール、楕円のボール、バット、ラケット、ウィケット、ゴルフクラブ…、彼らはあらゆるスポーツに全力だった。ゲームを操ることに関しては、ボーデンが常に一番だった。

彼（ボーデン）は自分自身について、「ラグビーにおいて幼少期からの各年代で特別際立った選手ではなかった」と言う。しかし、決してそんなことはなかった。ラグビーに限らずどんな競技においても、彼が才能に恵まれていることは明らかだった。彼は決して自分本位にプレーすることのないチームマンでありながらも、例えばラグビーでは、小学校時代からトライを量産していたのだから。

才能に恵まれていたことより、周囲より上手であったことよりも、何より重要なことがある。競い合ってうまくなる競争心を持ち、兄弟姉妹、友達と駆け引きを楽しんだ。彼は、そういったスポーツの本質的な楽しみ方を知っていた。ボーデンが過ごしたアクティブで、スポーツに囲まれ、楽しんだ幼少期は、仮にラグビーで名を上げられなかったとしても、彼の人生を豊かにしてくれたはずだ。そう確信できる。

我が家の一族は、何代にもわたってタラナキで暮らしてきた。幸運にも私自身、地元タラナキを代表して150試合に出場できた。息子たちが自分と同じ黄色と黒の段柄ジャージーでプレーする姿を見たときは最高の気分だった。

私が地元では有名なプレーヤーだったことが、息子たちに過度な影響やコネクションを与えないことを願っていた。だから、小学校以降は彼らのチームでコーチをすることを避けた。彼らの現在の成功は、彼らが純粋に彼らの努力によって勝ち取ったものだ。

地元で本当にたくさんの人々に、ボーディー（ボーデンの親しみを込めた言い方）の活躍を喜んでもらえるのは嬉しいことだ。特に私の親の世代をはじめ上の年代の人々が、地元タラナキに光が当たって興奮している。

ボーディーがタラナキとハリケーンズでプレーしはじめたころを思い出す。試合を見にいく度に、スタンドから見守ることしかできない私がなぜだかとても緊張していた。ボーディーがキックのためにボールをセットしたり、彼のところにボールが届きそうになったりするたびに、隣にいる妻のロビンと、立ち上がったままで膝を震わせていた。座っていられなかった。でも時間がたつにつれ、私たちの緊張もほぐれていった。彼がボールを持つたびに、観客は高揚感や期待感を感じていた。ファンがボーディーを見て喜ぶように、私たちも楽しめるようになっていった。

私たちはいつも、持久力をつけることや健康であることの重要性を信じていた。ボーディーが他の選手と大きく違うのは、彼のフィットネスと、持久力と、それらに裏打ちされたスキルだ。彼は前半の終盤、ハーフタイムに近づくころ、または、試合の終盤で華麗なプレーを見せる。それは偶然でも運でもなく、他の選手が疲れ、終了の笛を待っているようなときに、彼だけがまだタンクにガソリンを残しているからだ。その能力は、彼が幼いころから私たちの目にも明らかで、彼が今のレベルに到達できることは、そのときからすでに決まっていたのかもしれない。

子を持つ親なら誰でも、その子供にとっての最善を願うのが常であり、彼らの成功に最高の幸せを感じるはずだ。私たちはユニークで、努力家な8人の子供たちに恵まれ、その中から、ボーディー以外にもラグビーで世界レベルに挑戦できる子もいた。ロビンも私も、8人それぞれを誇りに思っている。ボーデンが成し遂げた全ては、彼の兄弟姉妹の愛とサポートによるものでもあるといっても大げさではない。

素晴らしいラグビー選手になるために、彼はフィールド内外でプロフェッショナリズムを見せる。背負っているプレッシャー、自ら選び勝ち取ったキャリアはもちろんのこと、彼が日々見せてくれる一人の人間としての魅力が親として何よりの誇りだ。

彼はいつまでも変わることなく、私たちのいとしのタラナキっ子であり続けるだろう。

ケビン・バレット

プロローグ

ラビットが夢を実現した

小さいころから細い脚と大きな耳が特徴の僕は、クロスカントリーを走るのが得意だった。農園や、スポーツイベントで僕が走る姿に、「ラビット、頑張って！」と叫ぶ祖母や叔母の声は今でも耳にはっきり残っている。

お気に入りのニックネームとはいえない。どちらかというと、あまり好きではない呼び方ではあるが、呼ばれ続けた理由も分からなくはない。

今でも家族の集まりではラビットと呼ばれることがある。

僕はどの年代でも華奢な方だった。オールブラックスの選手なんてみんな巨人のように見えていたから、彼らの中に自分が混ざるなんて、本当に夢物語でしかないと思っていた。

そういうことを想像するたびに一人でにやけていたし、裏庭でアンドリュー・マーテンスやクリスチャン・カレンのまねをするのも楽しかったが、そこに現実味はまったくなかった。

夢を見過ぎず現実的に。その感覚は大家族の中で育つ過程で植え付けられたものかもしれない。他に7人も兄弟姉妹がいれば、先を見越した行動を迫られる。日常生活の全ての局面で、常に8人が先を争っている。競争に勝ったり、他の兄弟を出し抜けたときにはもちろんうれしいが、反対に出し抜かれたときには現実をかみしめることになる。常に現実的でなければならない。敗北を受け入れなければならない日もある。この人生観は、小さいころから僕たち兄弟姉妹全員が持っていて、今も僕らの人生に顔をのぞかせることがある。

僕のラグビーへの愛は、他の多くの子供たちと原点は同じだ。兄弟との農園でのラグビー、学校の休み時間のフォースバック（キッキングゲーム）、授業中にこっそり考えるサインプレーの動き、オールブラックスの試合観戦、そんな入り口からラグビーにのめり込んでいった。

また、父によるところも大きい。父は、タラナキとハリケーンズで長くプレーし、僕が小さいころに、ラグビーのイロハを全て教えてくれた。父のアドバイスとスキル練習は、今の僕のラグビーの基礎として残っているから、一部をこの本の第5章スキル編に入れさせてもらった。

父から基礎を教わり、兄弟と裏庭でボールを追いかけていたころから、オールブラックスの一員になるという夢の実現まで、あっという間だったような気がしている。2009年末に高校を卒業してから3年を待たず、2012年の中ごろには夢だった黒ジャージーに身を包み、テストマッチデビューを果たしていたのだから…。テストデビューから今日までよりも、テストデビューまでの期間こそが、人生とはいかに驚きに満ちたものであるか、振り返るたびに思い出させてくれる。

僕にとって、これまでの人生でラグビーをプレーするのは、最も簡単なことの一つだったかもしれない。しかし、どんなスポーツのどんなレベルでも、より良い選手になるための練習法やスキルはあるが、一歩フィールドから外に足を踏み出せば、つまりラグビー以外のより大きな人生では、決まった型やマニュアルはない。

19歳の若さでラグビー選手としてプロ契約を結んだ当時の僕は、人生が何であるか、次々に起こる課題にどう対処していいのか分からずにいた。多くの過ちも犯し、決して順風満帆といえる道のりではなかった。しかし、だからといって犯した過ちやミスを、時間を巻き戻してやり直したいと思っているわけではない。追い風も向かい風も、全てが、人生をポジティブに捉えるための学びだったと思うからだ。それらの経験がなければ、今の僕はいないとはっきりと言い切れる。

ラグビーにおいてコーチがいるように、僕がフィールドの外で歩んだステップについても、アドバイスやサポートをしてくれる人々がたくさんいた。それらの人々が僕の夢の実現のためにどれだけ大きな力を貸してくれたか、この本で、皆さんと少しでも共有できればと願っている。

プンガレフ（タラナキ地方の小さな町）の小さな集落から始まった人生だった。生まれてから、オールブラックスとしての初日にリッチー・マコーとランチを共にするまでの時間は、確かに長い道のりだった。しかし、ラビットと呼ばれた華奢な少年でさえ、プロのラグビー選手、そしてオールブラックスの一員になるという夢をかなえる道を見つけられたのだから、あなたも自分自身の夢を叶えられると信じている。

ボーデン・バレット

第1章

家族、農園、ラグビー

bnz
bnz

ニュージーランド最西端のポイントの一つ、ロウアー・パリハカ通りを4キロ下ると、そこにはささやかな楽園が存在している。片手にはタラナキ山、もう一方には岩が凹凸をなす海岸がある。そして家のベッドルームの窓からは、フィリップ叔父さんの牛たちがこちらを覗いている。雲の少ない日の夕暮れ時には、ピンクに染まったタラナキ山とその雪に覆われた頂上が現れる。魔法にかかったようなその瞬間は、いくつになっても僕の心を柔らかな平和で包み込んでくれる。

生まれ育った場所、僕の唯一の「家」

平和な時間が流れる土地でありながら、そこに暮らす人々はいつの時代も勤勉だった。海や風のように、ときには荒れることはあるが、その風の音は、決して耳障りではない。10人家族の暮らしはそんな心地よい忙しさに溢れていた。

両親、特に母のロビンは、昔から子供をたくさんほしいと願っていたみたいだ。父は、彼自身が大家族の育ちだったから、母ほど意識してはいなかったかもしれない。僕ら兄弟姉妹は生まれた順番に、ケーン、僕、スコット、ブレイク、ジョーディー、ジェンナ、ザラ、エラの８人だ。一番上のケーンと一番下のエラは15歳も離れている。僕自身は１９９１年５月、ケーンの13カ月後、スコットの16カ月前に生まれた。名前の「ボーデン」（Beauden）はフランス語でハンサムを意味する「Beau」から来ている。本当だよ。疑うなら、母に聞いて見ればいいよ。

ニュープリマスから車で30分ほどのところにある僕らの地元、プンガレフは、タスマニア海に注ぐ通りに沿って、７つの酪農家が集まる小さなコミュニティーだ。その中には、従兄弟のジョシュとニーシャが僕らの隣の敷地に暮らしていて、クロウリー、ダニエル、ローガン、アナは通りを少し上がったところに住んでいた。フィリップ叔父さん（僕の寝室を窓から覗く牛たちの持ち主）がビーチに最も近い農場を構えていて、我が家はその次だ。

この土地は父の祖父、そして僕らの祖父テッドおじいちゃんと引き継がれ、１９９３年に父にバトンが渡された。以来、父は３代目としてこの土地を耕している。

パリハカは、その土地自体が、ニュージーランドの歴史において重要な役割を果たしてきた。1860年代、マオリの土地の強制没収の際には、非暴力不服従抵抗の中心地となった。1881年には、植民地政府による激しい侵攻を受けた場所としても知られている。

ニュージーランドのこの辺の海岸線は凸凹とした岩に覆われており、土が水を含み、辛い。海風も強いことから、農業にはあまり適していないと言われている。そんな土地も僕らにとっては絶好のトレーニング場だった。干潮時は砂浜が150メートルほど続くから、アワビを採りに岩から岩へ飛び移りながら走った。アジリティを高めるために絶好のトレーニング場だった。

母は国道を車で15分ほど南下したところ、オプナケという町の出身で、彼女の弟、ロス叔父さんは、今もそこで農園を営んでいる。僕らは生粋のタラナキ一家だ。

僕らの幼少期は、スポーツを中心に回っていたといっても過言ではない。スポーツなら何でも挑戦すべし、といった教育方針だった。僕は学校にいる間も、常に両手にボールを抱え、兄弟や友だちを集めて、今日は外で何のボールゲームで遊んでいいのか、先生にいつも聞いていた。僕ら兄弟の誕生日プレゼントは、決まってスポーツ関連の何かで、きらきら光るおもちゃや電子機器はもらったことがない。

小さいころは、母が僕らを並ばせ、家の周りを競走させていたこともある。ストップウォッチでしっかり時間を計っていたから、僕らも競争心に火がついた。お互いに出会い頭に衝突したりしながら、走り回っていた。太陽が出ている限り、家の中で座ってテレビを見ているなんてことはあり得なかった。

僕らは、あらゆるスポーツに触れて育った。ラグビーをやっていないときは、陸上、クリケット、バスケ、水泳、ゴルフを楽しんだ。そして姉妹たちは、ネットボールやハイランド・ダンシング（スコットランドの伝統的ダンス）でも体を動かしていた。特にクリケットは、代表チームのブラックキャップスの試合がテレビでやっていれば必ず観るほど、家族の中ではラグビーに次ぐ2番目のスポーツだった。ジョーディーなんて、最近までかなり上のレベルでクリケットを続けていた。ニュージーランドでも有数のサーフスポットといわれるビーチに囲まれて育ち、サーフクラブにも通っていたが、兄弟姉妹の中でサーフィンにハマったのはスコットだけだった。

我が家の3人の女子たちはネットボールが得意だ。ジェンナは国内のプロ選手権の下部でプレーしているし、運動神経に恵まれたエラも、上のレベルに行くかもしれない。ザラの勢いは誰にも止められない。ダウン症を持って生まれたザラは、8人の中で一番負けず嫌いで、ネットボールでは自信満々のシューターでありながら、水泳も得意だ。ザラは家族の中で一番正直で、曲がったことが嫌いだから、誰も彼女とのけんかには勝てない。

ダンスの才能は、8人の中でも女子だけが持ち合わせていて、僕を含め男子のダンスはひどいものだ。踊ることがあるとしても、笑いを誘うために踊る以外には人前に出ることはないだろう。踊りに関するリズム感は、ザラとエラが全員分を持っていってしまったみたいだ。残りの男子陣はリズム感のかけらも持ち合わせていない。これからもみんなのために、僕は趣味のゴルフを続け、ダンスフロアは彼女たちに任せようと思う。

ゴルフは、母の父、ボブおじいちゃんが僕らにゴルフの手ほどきをしてくれた。彼は僕らに教えるために、教本を手に取るまでになった。それまでは、自分でクラブを握ったことすらなかった。おそらく一番センスがいいのは僕かな？　スポーツ万能で器用、しかもタフな性格のブレイクもいいゴルファーだ。スコットもゴルフが好きだったけど、10代後半にスクワットのラックと恋に落ちて以降は、トレーニングに加えて父のオーガニックミルクにより、ぐんぐん大きくなる道を選んだようだ。僕が初めて握ったクラブはボブおじいちゃんの左利き用で、それが不思議としっくりきて、本来は右利きだけど、それからはゴルフだけではなくクリケットなどボールを打つ競技は全部左打ちになった。クリケットでボウラーをやるときは右で投げるけど…。

バーブおばあちゃんもスポーツが大好きだった。おばあちゃんがテニスラケットで打ったボールを僕がキャッチする、という遊びを何時間もやったものだ。飽きることはなかった。彼らのような祖父母がいてくれたのは、本当に幸せなことだ。僕らのスポーツへの愛が高まるように接してくれ、家族の絆やつながりのようなものも身をもって教えてくれた。

ラグビーこそが僕が目指すべきスポーツだと思っていた

　僕ら兄弟姉妹は、常にフェアに戦うことを教えられてきた。教えられたというよりも、そうするように厳しく言われてきた。例えばゴルフでは、もしも僕らがマナーを守らなかったり、口論を始めたりしたら、母は「クラブを半分にへし折る」と釘を刺していたほどだ。

　児童数がとても少ない学校だったため、チームスポーツをやるためには、運動神経がいい子もそうでない子も交ざってやらなければならなかった。そして、そこでは、どんな能力であろうと、全員がベストを尽くすことの大切さを教えられた。チームメートのおかげで楽しくスポーツができることも学んだ。

　我が家は、みんなが負けず嫌いだったが、スポーツの本質は楽しむことにあるという信念を持っていた。競い合うこと自体も、その中でうまくなることも大好きだった。ゲームのさまざまな要素をそれぞれ改善していくこと、例えば４００メートル走では純粋にタイムを縮めることも、その過程の全てを楽しんだ。

あらゆるスポーツが楽しかったが、やはりラグビーこそが僕自身が目指すべきスポーツだと信じていた。おそらくチームという集合体としての視点や、仲間と同じゴールを目指すこと、喜怒哀楽のジェットコースターに乗って共に楽しむこと。これらのチームスポーツ特有の要素が、僕にとって一層の楽しみとなっていたと思う。

ラグビー以外のスポーツについても、楽しみながらスキルを培ってきた。それらのスポーツで培ったさまざまなスキルは、より良いラグビー選手になるために大きく役立ったことは間違いない。

ラグビーは僕のお気に入りのスポーツだが、そこで、お気に入りの選手は、裏庭でいつもまねしていたアンドリュー・マーテンスだった。彼は、体格に恵まれていなくても、堂々とした振る舞いで華麗なスキルを披露していた。そんな彼のプレーに憧れた。他にも、クリスチャン・カレンの切り裂くような電光石火の疾走も好きだった。彼も体がすごく大きなわけではなく、僕と同じく小さな街の出身だった。そんな彼に自分を重ね、憧れていた。

マーテンスのまねは、裏庭のプレースタイルだけにとどまらず、フィールド外のスタイルにも及んだ。例えば髪型、マーテンスが現役時代に見せていたおかっぱ、その下の刈り上げは、僕が人生で唯一こだわり続けた髪型の一つ。美容師からは、「あなたには似合わないと思っていた」と、後に聞いた。髪型に関しては今でも自信がないが、それはタラナキの子供らしいとも思っていた。泥まみれの膝小僧とヘンテコな髪型、そしてラグビーボールは、タラナキっ子の名誉の証みたいなものだったからだ。

加えて当時の僕は、女の子たちと一緒にいるよりも、男友達をアッと言わせることに夢中だった…。幼かったころ、兄弟や、近所に従兄弟がたくさんいることの利点は、裏庭でのラグビーや他のスポーツをやりたいときに選手を確保できる、その一点のみだと信じていた。両親や祖父母にとっては、5人も男子が続いた後の6番目のジェンナの誕生は、待ちに待った女の子という点で喜ばれていたが、ケーン、スコット、僕にとっては、どのスポーツを行う場合でも3対3でチームを組むときのための6人目の〝選手〟としての喜ばしい誕生だった。

ジェンナが大きくなるまでの間は、チームが同数でなくても、毎日のように何かしら

バレット兄弟流のラインアウト練習

のスポーツで競い合っていた。2対2でも3対2でも、キックを蹴って、牧場の泥の上を滑り込みながらチェイスしたり、プレースキックの対決をしたり、とにかく何でもゲームにしていた。

彼女が成長してからは、いろいろなゲームに参加するようになったが、みんなのかわいい妹だったジェンナには誰もタックルできなかった。彼女が年齢を重ねるにつれて、ゲームに参加してもらうために説得する必要は少々増えていったが、一度中に入れば、素晴らしいスキルでボールをあちこちに散らしてゲームをコントロールしていた。

ジェンナは6人目の選手として僕らの楽しみをより一層加速させてくれたが、ジョーディーは必ずしもそうではなかった。男兄弟の中で一番小さかったジョーディーは、僕が友達を家に呼んだときには、一緒に遊びたがってうるさく騒ぐ、当時の僕には少しうっとうしい存在だった時期もあった。友達と一緒にジョーディーに意地悪をして、彼が泣きながら母のところへ駆けていくのを見たこともある。僕は自分が仕向けたにも関わらず、かわいそうに思うこともあった。

僕がジョーディーに感じる申し訳なさは、成長するにつれどんどん大きくなっていったが、彼のかまってほしさというのは、本当にすごかった。かわいい子供ではあったが、僕らは彼の怒りのスイッチがどこにあるかをしっかり分かっていた。そのスイッチを少し押すと、彼の顔に段々と血が上るのが見えて、みるみるうちに「ビーツ」のように真っ赤になる。そこから僕らに殴りかかるか、泣き出してしまうかのどちらかだった。

スコットと僕は、昔から、割と落ち着いた性格だった。ケーンは特にラグビーになるととてもアグレッシブだったが、フィールド外ではジェントルマンだった。ブレイクはジョーディーと同じく気性が激しい方だ。兄弟同士で小競り合いになることはあったが、本気で殴り合うことはなかった。取っ組み合いも、ときにはパンチもあったが、父が間に入らなければならないような事態はほとんどなかった。兄弟としてはもちろん、良き友達として、本気の喧嘩は避け、基本的には仲良く過ごしていた。というのは、あくまで僕からの視点で、年下のブレイクとジョーディーの目には、全く違う世界が見えていたのかもしれない。

大家族、それを支えてくれた地元のコミュニティー

僕が8歳になるころまで、母はネットボールとバスケ、父はラグビーのそれぞれ現役の選手だったため、僕ら兄弟姉妹は、学校か農場の仕事か、自分たちのスポーツがないときは両親がプレーするのを観に行っていた。今から思うと、8人の子供たちをそれぞれ習い事や遊びや、行きたいところへ連れていくための調整は無理難題だったと思う。僕とケーンは13カ月しか歳の差がなかった上に、僕がいつも一学年上のケーンのチームに入っていたことと、ブレイクとジョーディーも一歳くらいしか離れていないから、同じチームだった。それらのことは、送迎する立場としてはかなり助かっただろうと思う。スコットは近所にチームメートがいたから、その子の親に送迎してもらっていたのもラッキーだった。両親が忙しいときは祖父母や叔父叔母が車を出してくれたり、コミュニティーのみんながとても協力的だったり、困っている人を助ける精神を持っていたことに支えられていた。それらのおかげで、僕らはラグビーを続けられたのだ。

日中は、10人それぞれが自分のことや家のことで休む間もなく動き回っているから、全員が集まる場として、晩御飯のテーブルは家族にとって欠かせないものだった。毎日の晩御飯と、日曜日の教会へ行く時間が、10人がそろう貴重なタイミングだった。当時、我が家にあった8人乗りのフォードのステーションワゴンに全員が押し込まれ、近くの教会まで行く。当時は、まだシートベルトの規則も今ほど厳しくなかったので…。

日々大混乱で、はちゃめちゃな家庭、多くの人が大家族と聞いて想像するイメージだ。しかし一方で、バレット家は、家庭内では意外にも規則正しい生活が送られていた。真逆のイメージだろう。小さいころは、宿題、夕食、シャワー、パジャマへの着替えタイムと、毎晩のルーティンがしっかりと決まっていた。ただ、そのルーティンも、誰かがどこかのタイミングで「もう一本、外でラグビーかクリケットの試合をやろう」と言い出して外に出たら最後だったが…。そういうときは、シャワーへ戻り、泥に覆われた膝小僧の傷を、痛みに叫びながらこする、というような羽目になる。スネと膝の泥の汚れ具合は、外でのゲームがどれだけ盛り上がったかの物差しだった。泥が皮膚の奥まで入り込み、赤くむけた膝をシャワーで洗って涙を流すときもあった。

覚えておいてほしいことは、これらが我が家で起きていた当時、父はまだトップレベルのラグビー選手で現役だったことだ。ラグビーがプロ化したばかりのころで、ハリケーンズの一員としてプレーするため、ウェリントンまではるばる車で向かっていた。例えばタラナキの代表チームの練習が夕方の4時半からだったら、農場の仕事として残っている牛の世話や後片付けなどは全て母に任せ、父は4時には急ぎ足で家を出ていた。母に残された仕事は牛以外にも、当時はまだ6人だったが、僕ら兄妹の世話ももちろんあった。

だが、僕らも母の手を煩わせていたばかりではない。農場でも家の中でも、流れを止めないために全員が歯車として働くことを期待されていたからだ。人数が多いということは、その分だけ必要になるジャガイモも増えるということだ。僕は母のスーシェフ（副料理長）としてキッチンで野菜の皮むきや食卓の準備、洗い物などをした。他の兄妹は外で父を手伝ったり、父がいないときには協力して牛を牛舎に入れたりしていた。僕は「汚れ仕事」が好きではなかったから、学校から帰ると一番にその日の家事のリストを確認して、自分がハズレを引かないようにうまく他の兄妹を配置していた。

僕らの両親はどんなときも、祖父母の助けも借りながら、家族と友人の輪を広げ、常に僕らが健全に育つように、そして僕らの必要を満たせるように、働いてくれていた。母の献身性は真に賞賛に値するものだと思う。と同時に、その性質は母が僕に授けてくれたものの一つでもあると日々感じる。働き者すぎて、休むことを忘れてしまうほどだ。必要とあれば僕らに厳しく接することもあるが、その根底には100パーセント、どんなときでも僕らのためになることは何かと考えている。そんな愛情が流れている。そして、母の作るスコーンがこの世で一番だということも書いておかないといけない。

タラナキの13歳以下、60キロ以下の選抜チームに選出される

その昔、父がまだ現役だったころ、海外のチームでプレーする機会を両親共に望んだことがあったそうだが、タイミングが合わなかった。体に鞭を打ってラグビーを続ける力を使い果たした父は1999年、ラグビー選手としての引退を迎えた。しかし奇妙なもので、引退して少したったころ、アマチュアラグビーのクラブに所属しながら、酪農

を経営するチャンスが舞い込んできた。なんと、はるか北のアイルランドからのオファーだった。

ジェンナが生まれてから18カ月も経たない2000年1月、海外での生活という夢を諦めていなかった両親は、一般的な海外駐在とは少し違ったスタイルではあるが、6人の子供を連れてのアイルランド行きを決意した。僕らはアイルランド、ダブリンから車で北に1時間ほどのミーズ県にある、バリーナクリーという小さな集落に暮らすことになった。集落には教会、学校、商店とベッド工場がいくつかあり、5キロほど行った先にはオールドキャッスルという少し大きな街があった。人口1000人ほどの小さな街に13のパブが店を構えるコミュニティーだった。

ニュージーランドの僕らの母校、プンガレフ小学校(本当に残念なことに2003年に教育省の方針で閉校となってしまった)は生徒数が60人くらいで3クラス、スクールバスは1台だったが、アイルランドで通ったセント・フィアック国立小学校も規模は大体同じだった。しかし似ていたのは規模だけで、僕とケーンとスコットがもっとも驚いたのは、制服があったことと、靴下と靴を履かなければいけないことだった。登校初日に裸足で生活するのはどうしても許されそうにないと悟った僕だったが、午前中の休み時間にサッカーをするタイミングで、真冬の寒さの中なのに、ここぞとばかりに靴を脱いでいた。

新しい担任のマコーミック先生は、ニュージーランドから来た少年が裸足で過ごしたがることにさして驚いた様子は見せなかった。しかし、僕がどれだけ靴が必要ないか熱弁をふるっても効果はなかった。靴を履くだけでも不思議に思っていたのに、教室に入るときには靴を脱いで上履きに履き替えると知ってもっと驚いた。

靴のルールは少し窮屈だったが、学校自体は素晴らしい学校だった。伝統的で、勉強の教え方もしっかりしていて、ニュージーランドに帰ったときには同級生より格段に頭が良くなっている気がした。アイルランドでの暮らしの楽しみの一つに、毎日午後になるとやって来るウィー・ローリー（小さなトラックのことをこう呼んでいた）があった。牛乳配達に来てくれる。その牛乳は本当においしかった！

もちろん、向こうでもスポーツにのめり込んだ。特に、テンポが早く、スキルと持久力が求められるゲーリックフットボールは楽しかった。父に教えられた左右両足でキッ

セント・ブリジッド・GAAクラブのゲーリック・フットボールチームと。
前列右端がボーデン（2000年）

クを蹴り分けることが大いに生きた。手と目の連動やスペースを見つける能力も身につけることができた。

父もゲーリックフットボールを楽しんでいたけど、楽しみ方が僕とは少し違って、もっとフィジカルに体を当てて、ラグビーの「ハンドオフ」をゲーリックフットボールに持ち込んだパイオニアとして地元で評判になっていた。

もちろんサッカーも楽しんだ。マンチェスター・ユナイテッドと、アイルランド出身のロイ・キーンのファンだった。当時はプロサッカー選手になって何億円も稼ぐことも夢見ていた。キーン以外にもデイビッド・ベッカムが好きで、彼が履いていたアディダスのプレデターは喉から手が出るほど欲しかった。彼のモデルを買ってもらってからしばらくは、何足も同じモデルを履き続けた。

僕ら兄弟はマリンガーというクラブでラグビーをプレーしながら、週末は父がアスロンという街のバッカニアーズの一員としてアイルランド国内選手権で戦うのを応援していた。

当時9歳だった僕にとって、アイルランドでの異文化体験は素晴らしい人生の1ページとなった。ニュージーランドとは違ったコミュニティーの雰囲気や文化を体験できたことはもちろん、一生涯の友達もできた。

アイルランドでの16カ月の後には、NZで再び16カ月のまた新たな体験が待っていた。帰国後すぐに両親が母家のリフォームを決意したため、改装中は家族全員が離れのコテージで寝泊まりすることになったのだ。両親と6人の兄弟、そして母のお腹の中にいた7人目のサラも含め9人が、たった3つの寝室しかないコテージに詰め合って暮らした期間は、今でも思い出深いものだ。母は、子供たちは一日の大半をどのみち屋外で過ごすから、寝るときだけ少し詰めあえば大丈夫なはず、と言っていた。木材を調達して自分たちで2段ベッドを作り、なんとか全員が収まるには収まった。しかし、やはり窮屈なことこの上なかった！

そんな日々を送った後だったから、新しい母家が完成したときは本当にうれしかった。僕も初めて一人部屋をもらえたし、何より僕らが好きに使える大きなプレールームが用意されていたのが最高だった。前と変わらず冬の間の暖炉はしっかりと用意されていたし、オーブンから漂うスコーンの香りも変わることはなかった。

アイルランドから帰国し、家の改修が進んでいたちょうどそのころ、プンガレフ小学校で8年生（日本でいう中学1、2年生）に進んだ僕にとって、ラグビーの占める重要性が一段階上がった。父が地元で有名な選手だったから、彼に誇らしく思ってほしくて、ラグビーには他のスポーツよりいつも少しだけ力を入れていたのだ。本格的に、自分がラグビーで道を開けるかもしれないと思い始めたのもこの時期だった。

それは、タラナキの13歳以下、体重60キロ以下の選抜チームに選ばれたことがきっかけだった。チームのメンバーには、黒にタラナキのエンブレムがプリントされたジャケットが配られた。気に入って、毎日着て過ごしたほどだ。ラグビーチームの先発を懸けた競争が激しくなるであろうフランシス・ダグラス・メモリアル・カレッジ（以下、FDMC）という寄宿学校への入学を控えていた僕にとって、この選抜チームに選ばれたことは大きな自信になった。

楽しい寄宿学校と厳しいラグビーのトレーニング

ＦＤＭＣでの寮生活はとても楽しかった。朝から晩まで、友達といたずらに励む日々だった。一大事になるような大袈裟ないたずらではなかったが、寮の管理人さんを困らせていた。僕はいたずらを思いついて、友人たちを巻き込んで始めるまでは楽しんで、見つかる前にうまく抜け出していたよ。罰として皿洗いを命じられることも多かったが、それ以上の楽しみがあったと思う。

学校の勉強に関しては、僕の成績は「良」程度で、決して勉強でトップクラスではなかった。ただ、本来は勉強に集中すべきときに他のことをしていながらその成績を取ったことは付け加えておきたい。決して自慢じゃないが、僕の当時の授業用ノートのほとんどは、ラグビーのサインプレーで埋まっていたのだ。

寄宿学校の良かったところは、実家にいるときのような家事がなかったこと。そのぶん、スポーツに時間を当てられた。授業が終わると、友人とクリケットやフォース・バック（キッキングゲーム）、手作りのキックティーを使ったゴールキックの練習で日が暮れるまで遊んだ。キックティーは600ミリリットルのコーラのペットボトルを半分に切って、グラウンドに置くコーンに差し込んだもの。ずれないようにビニールテープで固定したら、あとは気に入った角度で切り込みを入れていくのだ。靴の履き口にボールを置いて蹴るよりも正確に蹴れる。何より、耐久性を持たせたり、好みの色に塗ってみたり、ティーを作っているその時間が楽しかった。

ゴールキックの練習は大好きだった。友人たちと誰が一番遠くに飛ばせるか競い合ったり、当時の僕のアイドル、アンドリュー・マーテンスのルーティンをまねたり、グラウンドで自作のティーでキックをしていると何か嫌なことがあっても自然と忘れられた。

FDMCでの最初の2年は体重階級別のラグビーをプレーしていた僕にとっての大一番は、9年生での階級なしのボーダーズ・カップ（ボーダーズは寄宿生の意）だった。FDMCのライバル校、ニュープリマス・ボーイズ・ハイスクールの寄宿生の9年生同士が対戦する伝統の一戦。FDMCでは13年生が週に3回、早朝6時半から9年生の練習に付き合ってくれた。

上級生からは2つの意味で厳しく、辛いトレーニングが課された。まずは坂道ダッシュなどの体力強化のメニュー、そしてそれがしっかりできなかったときの罰だ。信じられないかもしれないが、僕とジャレッド・クロウリーは、電気フェンスに触るという世にも恐ろしい残酷な罰を与えられたこともあった。13年生のうちの一人、のちにタラナキとチーフスで活躍するシェーン・クリーヴァーは特に厳しくて怖かった。シェーンのような先輩をがっかりさせたらと考えると恐ろしくて、練習にも試合にも常に本気で臨んだ。同時に、良いプレーができて先輩たちに褒められるのは当時の僕らにとってとても誇らしいことだった。

その年のボーダーズ・カップは「ボーイズ・ハイ」（前述ニュープリマス・ボーイズ・ハイスクールの略称）のＴＨＥ　ＧＵＬＬＹ（排水溝）の異名で知られるグラウンドで開催された。ＦＤＭＣより規模の大きなボーイズ・ハイの全校生徒が並んで披露したハカには威圧されたが、２００５年の優勝杯は、８－５で勝利した僕らが持ち帰らせてもらった。

だが、この勝利が僕にとっては、ＴＨＥ　ＧＵＬＬＹでのボーイズ・ハイ戦の最初で最後の勝利となってしまった。ブレイク、ジョーディー、スコットはそれぞれファーストXV（ファーストフィフティーン＝学校を代表する一軍）で彼らを敵地で破っている。一方、僕とケーンはファーストXVで2年間共にプレーしたが、再びボーイズ・ハイを破ることはかなわなかった。

一番惜しかったのは、僕が11年生の時、ファーストXVの一員として最初のシーズンの一戦だった。まだ最上級生でもなく、体の線も細かった僕は、ライバル校の大きな選手たちを前に少し萎縮していたのかもしれない。試合は25点を取り合って引き分けた。引き分けというのはいつも最悪の終わりだ。必死に戦って、すべてを出し切って負けた方がまだマシなほどだ。

その試合は少しおじけづいていたところもあったが、11年生として上級生に交じってプレーする中で、緊張への対処もうまくなったはずだ。基本的に試合のときは、緊張半分、ワクワク半分といった心持ちだ。不安になることもまれにあったが、両親やコーチから、不安や緊張をポジティブなエネルギーへ変換することはずっと教わっていたから、うまくできていたと思う。僕が今でも唯一行っているゲームデーの験担ぎも、ファーストXVで試合に出るようになったこのころに始まった。迷信深くはないし、ジンクスなどは余計な心配の種になると思っているからほとんど信じないたちだが、なぜか、試合のときはスパイクを右足から履く。これだけは続けている。だが、これもただ習慣になっただけで、プレーの中身にはなんら影響はないのだが…。

ＦＤＭＣは、７年生から13年生までで７５０人の男子生徒を抱える学校だった。他のいわゆるラグビー名門校とは比べ物にならないくらい小さな規模といっても過言ではない。僕がファーストXVの一員としてプレーしていた当時のＦＤＭＣは、持久力やスキルはあったが、選手層や体格など、他のラグビー名門校にはどうしてもかなわない部分もあり、名門校と戦う際には名前負けしないようにメンタルを保つだけで精一杯だった。例えば、パーマストン・ノース・ボーイズ・ハイスクールには、ギリース・カカという才能溢れるフルバックや、センターとＮＯ８、両方でプレーできるンガニ・ラウマぺといったタレントが集まっていた。反対に、僕らは限られた戦力で戦うことしかできなかった分、チーム内の結束や、頭を使うこと、そしていつも挑戦者としての向上心を持ち続けることを学ぶことができた。パーミー・ボーイズ（前述パーマストン・ノース・ボーイズ・ハイスクールの略称）やフィールディング、ネイピア・ボーイズなどの名門校に対しては、いつも苦しい戦いを強いられた思い出がある。ボコボコにやられてしまう試合もあったが、僕らの2倍以上の生徒数を誇る学校を破ったときの誇らしさは格別だった。

プンガレフからアイルランド、ＦＤＭＣへ。離れのコテージから新しい母屋へ。頼れる一人の兄と6人の最高の弟妹とともに、ラグビー、クリケット、陸上を、母のスコーンと父の指導で楽しんだ。僕は全てに恵まれ、質素な生活の中で最高の少年時代を過ごすことができた。もちろん我が家も、他の家庭と同じように良いときも悪いときもあった。完璧だったかと問われると必ずしも頷くことはできないが、僕らの周りがたくさんの人の愛と支えで満ちていたことだけは間違いない。ここから始まる僕の人生の新たなステージの土台には、その愛の力が詰まっているのだ。

第2章

ザ・ナキ、そしてセブンズ

'll see you

タラナキラグビー協会はとてもユニークな協会だと思う。一つには、タラナキには地元のコミュニティーに多大な貢献を続けてきた歴史あるクラブが集まっていることだ。それが、タラナキラグビー協会の奥深さを生み出している。タラナキのヤロウスタジアムで父の試合を観戦する日は、常に最高の一日だった。チームマスコットの雄牛のファーディナンドがスタンドに食パンを投げ入れてくれる。これだけでも最高なことなのだ。

タラナキ、憧れのアンバー・ブラック

生まれたころから遺伝子に組み込まれていたかのように、僕らは常にラグビーのそばで育った。父の練習に付いていって、クラブハウスの屋根に座って大人たちを眺めたり、木に登って枝に引っかかったボールを集めたり、そんなときは、決まって来たときよりも多くのボールを抱えて家に帰った。他の多くのラグビー少年たちと同じように、僕もまたオールブラックスになることが将来の夢だったが、憧れの黒いジャージーははるか

遠くに感じられ、本当にかなうとは思っていなかった。

一方で、タラナキの黄色と黒の縞模様のジャージーは、真っ黒よりも少し近くに、手が届くところにある気がしていた。父が目の前でプレーする姿を見て、自分も彼のようになりたいと、強く願ってもいた。しかし、そのタラナキのジャージーにすら腕を通すことなく人生が進むかもしれなかった。そんな分岐点があった。

ＦＤＭＣを卒業するタイミングで、自分が人生で何を追いかけたいのか分からなくなり、いくつも道が伸びる交差点に立ったような気分でいた。高校でスポーツと勉強の日々を過ごす中で、スポーツチームのトレーナーを目指す、大学の法学部への進学、ポリアでの警察学校への入学、主にはこれら３つが現実的な職業の選択肢として浮かんでいたが、決してはっきりはしていなかった。一つだけ確かだったのは、酪農家にはならないということだった。酪農家の息子として農場で暮らし、伸び伸びと育った経験は大切な財産だが、自分が運営するというのはどうも魅力的には思えなかったのだ。

卒業が近づくにつれて、高校の仲が良い同級生が多く進学する予定だったダニーデンの大学へ行くというアイデアが頭の中で大きくなっていた。そしてもう一つは、メルボルンに移り住んで、オージー・フットボールの選手として勝負するといういささか突飛な選択肢が浮かんだ一時期もある。

ＦＤＭＣ時代の先生であり、ラグビー部にピーター・スミスコーチがいた。彼はスポーツオタクだった。彼はオーストラリアの出身で、ラグビー・ユニオンはもちろんだが、それ以上にオージールールズへの強い愛を持っていた。彼はかねてから、ＦＤＭＣラグビー部の教え子がＡＦＬ（オージールールズのプロリーグ）でプレーする手助けをするという野望があり、進路に迷っていた僕を見つけて、メルボルンの大学に通いながら、プロ契約を目指す手筈を整えようとしていた。本当に何も決められずにいたから、その道もありかもしれないと思っていた。

学校が休みの時期には、ワイカトのセントラルというＡＦＬのチームの練習に参加させてもらったこともある。パスやオフロードのスキルは難しい面もあったが、スペースへのキックや、ランニングの要素は僕の能力とマッチしているとも感じた。アイルランドにいたころに熱中したゲーリック・フットボールと似ていたこともあって、これなら活躍できるかもしれないとも思っていた。

ニュージーランド高校選抜選考に漏れ、プロへの迷い…

当時、ラグビーでプロを目指すとはっきりと心を決め切れずにいたのには、一つ理由があった。ニュージーランド高校代表の選考に漏れてしまったからだ。残念に思うのと同時に、仕方ないと思う気持ちもあった。僕のポジション、SO（スタンドオフ）で選ばれたのはリマ・ソポアンガ（あだ名はソップス）とガレス・アンスコム（後にウェールズ代表になる）だった。2人とも名門校のレギュラー選手で、日々高いレベルで練習できて、スカウトマンの目に留まる大きな大会でプレーする機会も僕より多いから、と僕は自分自身に言い聞かせていた。

実際、無名の学校から代表チームのセレクションなどで目立つのは難しいことだった。特にSOという、周りの選手との連係が大きな割合を占めるポジションにおいては、見知った選手がいないことはディスアドバンテージになってしまう。加えて、ソップスが自信満々なプレーでチームの司令塔としてプレーする一方で、僕の方は緊張してしまい、シャイなところを露呈していた。これでは、高校代表の選考に漏れるのも致し方ないことだろう。

しかし、高校代表チームに選ばれなかったからといって、ラグビーへのやる気を失ったわけではなかった。だが、ハリケーンズのアカデミーの高校生チームでもレギュラーを獲得できていなかったので、今後の人生でどのような形でスポーツを続けるのか。プロを目指すのか、趣味として続けるのか、迷いはあった。そこで、前述のメルボルン行きが再び選択肢に上がってくるのだ。大胆な決断ではあるが、信頼するピーター・スミス氏の後押しもあり、一時期は真剣に考えた。しかし、まだ若かった僕の目に、より魅力的に映ったのは、級友たちと南島に渡り、ダニーデンで大学生活を謳歌することだった。

大学に行くからといって、ラグビーを諦めるつもりは全くなかった。ダニーデンのあるオタゴ地方特有の育成体系とクラブ編成が、トップレベルに進むチャンスになるかもしれないと考えていた。

体の成長のスピードも含めて、自分はラグビー選手として晩熟ではないかと考えていた。体が大きくなるまで少し辛抱すれば、僕にも日の目を見る瞬間が来るだろうと信じていた。高校の最後の一年はタラナキのプレ・アカデミーでトレーニングを積み、そのおかげもあってか、アカデミーへの移行はスムーズだった。当時、アカデミーとプレ・アカデミーを仕切っていたのは元選手のマイケル・コリンズ氏で、彼はのちにタラナキとチーフスのＣＥＯになる実力者だった。

マイクと、当時タラナキのコーチで現セブンズＮＺ代表ヘッドコーチのクラーク・レイドロー氏が、僕がセブンズで花開く可能性を見出してくれた。ＦＤＭＣのティム・スタックコーチも、７人制挑戦は良いアイデアだと背中を押してくれた。

尊敬していた彼らの勧めだったから、迷うことなく挑戦を決意した。実際に始めてみると、セブンズは僕のプレースタイルにぴったり合っていた。スペースがある中で、相手との駆け引きをリードし、コンタクトをうまく避けながら走り切る。そんな僕の好きなプレーを学べた。プロラグビー選手としては、セブンズの選手としての方がよりチャンスがあると感じた。また、冬がメーンシーズンの15人制への準備として、夏の間に7人制で体力をつけるのも素晴らしいアイデアに思えた。

そして、確かに体力はついた。セブンズの試合は本当に疲れるのだ。僕はタラナキのセブンズチームの一員として、1月上旬にマウント・マウンガヌイで本格的な大会デビューを果たす予定だった。大会前のワンガマタでの年末年始の休暇で体力が落ちることがないよう、毎朝ランニングを欠かさなかった。にもかかわらず、大会初日の序盤でグラウンドに嘔吐してしまった。セブンズは、本当にそのくらいきつい。

心底きつかったが、自由でスペースがたくさんあるセブンズという競技も、クラークコーチのもとでプレーするという経験も、どちらも楽しかった。クラークコーチは褒めて伸ばす、とてもポジティブなコーチングスタイルで、ジョークも好む男だったが、同時に必要なことははっきりと、オブラートに包むことなく伝える正直さも持っていた。自分のラグビーにおけるポテンシャルにも自信が持てるようになり、セブンズのハードな練習に加えて、ウエートトレーニングにも力を入れたおかげで体つきも変わっていた。今の僕のストロングポイントであるスピードに気づけたのも、この時期にウエートトレーニングを始めてからだ。

セブンズ、NZ代表に選ばれる

2010年1月中旬に、クイーンズタウンで開かれた大会に参加したときは、初めての南島でのラグビーということに加え、綺麗なグラウンドと、TV中継があるということにワクワクしていた。といっても、自分に自信や期待があったわけではない。両親も祖父母も故郷からテレビで見ていると知っていたから、かっこいい姿を見せたい気持ちはもちろんあったが…。それに彼ら以外にも、現地でいいプレーを見せたい相手がいた。

ジョナ・ロムーやクリスチャン・カレンといったレジェンドの才能を見出し、「ミスター・セブンズ」の異名を持つサー・ゴードン・ティッチェン（ティッチ）が当時のセブンズNZ代表監督として視察に来ていたのだ。

タッチラインの脇で小さなノートにメモをとりながら目を光らせる彼の姿は、見るだけでも恐れ多くて、ましてや話しかけようなんて頭をよぎりもしなかった。僕は、校長先生の前で良い子であろうとドキドキしている生徒のようだった。

大会最終日のディナーパーティー。そんな彼の口から僕の名前が呼ばれる。大会中のパフォーマンスを受けて、ニュージーランド代表のメンバーに選ばれたのだ。タラナキ代表に入れるだけでも嬉しかったのに、顔を見ることすらままならなかった高嶺の存在から、国を代表するメンバーに入ると告げられたときの驚き、喜びは今でも忘れない…。

ニュージーランド代表に選ばれたことで、メルボルンに渡ってAFLに挑戦するアイデアはすぐにテーブルから消えていった。そしてダニーデンで大学生活を送ることも、今後のキャリアのためになるのか、再考を強いられた。国を代表してプレーするという、この上ない機会を現実にするためのトレーニングに励みながら、憧れていた華々しい「大学生活」が果たして送れるのだろうか?

代表選出後の僕は、ティッチ監督が求めるフィットネスの維持だけでも精一杯だった。大学でどうしても勉強したい分野が決まっていれば、決断はもっと難しくなっていただろうが、当時の僕の心は完全にラグビーに傾いていた。自分の前に無限のチャンスが広がっているような、そんな気分だった。

最終的には、級友たちと一緒に南島へ向かって大学に通い、オタゴ代表でプレーする

（可能性でしかないが…）、そんな夢の代わりに、実家の農場に残ると決めた。トレーニングを続けながら、ニュープリマスにあるオリジン・エナジーというエネルギー会社のオフィスで総務として働くことを決断した。それは、15人制でもタラナキを代表するチャンスがまだ残っているということも意味していた。

現在のセブンズ代表は、メンバー全員がマウント・マウンガヌイに住み、専用のトレーニングセンターで一年を通して合宿のような形で活動している。当時は、ワールドシリーズに合わせてメンバーが発表され、各トーナメントに向けてその都度変わる合宿地でトレーニングが実施されていた。これらの合宿は僕のラグビー人生でも最も過酷なトレーニングだった。ティッチ監督のトレーニングは、その過酷さで有名だったが、聞くのと実際にやるのとでは、天国と地獄ぐらいの差がある。終わったと思って安心したその瞬間、「もう一本！」と叫ぶ彼の声がグラウンドに響く。フィットネスには自信があった僕も含め、どれだけ体力があろうと、ティッチ監督は一人ひとりを限界まで追い込むすべを知っていた。

代表メンバーに選ばれたことは、僕にとって驚くほど大きなステップアップだった。

緊張している様子が伝わったのか、同じタラナキ出身のカート・ベイカーとベン・スーネスが心配して精神的なケアをしてくれた。まだまだ青臭い18歳の僕にとって、冗談で笑顔にさせてくれるカートのキャラクターは大きな助けになった。彼は大事な試合が近づき、チームの空気が張り詰める中でも愉快な男だった。特に、シーズン最後のロンドンとエディンバラでのトーナメントのときは、みんな本当にナーバスになっていたから、彼の存在はチームに欠かせないものだった。

彼らの精神的なケアは、それだけにとどまらなかった。遠征中に僕の誕生日が来たときには、夕食の会場で、ホテルの一般の宿泊客もいる前で信じられないことが起きた！自分でケーキを持って、自分に向かってハッピーバースデーを歌わされたのだ！シャイな上にまだ若かったから、フィールドでも滅多に話すことはなかったのに、DJ・フォーブスやトマシ・ザマ、ティム・ミッケルソンといったセブンズのレジェンドたちを前に一人で歌うなんて（！）、この上ない残酷な仕打ちだ…。

そのシーズン、チームの成績も芳しくなく、僕自身もたくさん試合に出られたわけではなかった。そんな逆境もあったので、トゥウィッケナムでの大会で、ファーストタッチで40メートルを走り切って取ったトライの瞬間は最高だった。セブンズらしくスタジアムは音楽で盛り上がり、駆けつけたロンドン在住のキウイファンの前で活躍できたのだ。世界最高のスタジアムの一つで、一生に一度あるかないか、そんなシーンだった。

そのころのことだった。ラグビー選手としてキャリアを築くことが現実的に可能だと思えるようになっていたその年の暮れ、デリーで開催されたコモンウェルスゲームスで優勝したメンバーには選ばれなかった（ベン・スミスという選手が、なぜだか15人制から7人制に戻ってきたから…）。そこで切り替えてタラナキの15人制のトップチームでプレーすることを次の目標に据えた。セブンズで与えられた出場機会の中で最大限のパフォーマンスにこだわり、どんどん自分のレベルが上がっていくのを感じることができていた。そのまま努力を続ければ、このラグビーという世界で生きていけるだろう。一年前の迷いが、段々と確信へと変わっていく。そんな時期だった。

父の現役ラストイヤーとなった１９９９年、タラナキのヘッドコーチにコリン・クーパー氏が就いた。その後、２００６年にはハリケーンズをスーパーラグビーの決勝に導いた人だ。クルセイダーズとのその試合は、「霧の決勝戦」としてファンの間で知られている。

その彼が、２０１０年に再びタラナキのコーチに就任し、シーズン前、僕がまだ7人制に帯同していた時期に契約を結んでくれた。コリン氏のことは尊敬も信頼もしていたが、15人制に関しては高校生レベルまでしか経験がなく、国内最高の選手権で長年しのぎを削る選手たちに交ざってプレーする用意があるかと問われれば、必ずしもそうではなかった。

セブンズではトップレベルの選手と戦った経験があったが、一段上の舞台だと感じていた15人制にはあまり自信がなかった。

この本を書くにあたり、当時を思い返すと、悩んでいたかのような表現になってしまうが、実際にはコリン氏が指揮するチームに合流する前日に少しナーバスになった程度だった。合流してからは、自分のレベルが日々高まるのが楽しく、アンバー・ブラックのジャージーを着る日を夢見てトレーニングに励んだ。

ついに、タラナキでのデビュー戦を迎える

タラナキのトップチームですぐに試合に出始めたわけではなく、まずは、その下のグレードに所属するコースタルというクラブの20歳以下とトップのAチームで、タラナキ地方内の大会で経験を積んだ。

草の根のクラブラグビーの雰囲気も大好きだった。練習ではリラックスしているのに、みんな、試合となると目の色が変わる。関わる全員が純粋にラグビーを愛していて、チームを代表することに誇りを感じている。これが後にも先にもコースタルでプレーできた唯一のタイミングだったが、それすらもセブンズの合宿の合間での参加になってしまったのは少し残念だった。

ラグビーのプレー面では、コースタルでの数試合がタラナキ代表に向けての準備になったわけではないが、地元を代表する感覚に肌で触れられたのは大切な経験だった。スーパーラグビーを終えた選手たちが、NPC(National Provincial Championship、現

Mitre10 cup）の各所属チームに戻るのと同時に、僕もタラナキに合流した。そこからは、ジェイソン・イートンやクレイグ・クラークといったスーパーラグビーで活躍する選手たちとチームメートとして同じウエアを着て練習することになる。高校を卒業してからここまで、10カ月と短い期間しかたっていなかった。将来どうするのか決まらない不透明な状況から、7人制の代表に選ばれ、ワールドシリーズで世界中を飛び回り、ついにはヤロウスタジアムのロッカールームに自分の名前のステッカーが掲げられる日がやってきた（なぜか、そのステッカーは今も貼られているみたいだ…）。

満員のヤロウスタジアムの熱気は衝撃的だった。地元の人はそれぞれお気に入りの観戦スポットを持っていて、試合のあるシーズンは毎週そこに陣取る。北側のテラスから見えるタラナキ山は圧巻だ。とにかくラグビーをプレーするにも観戦するにも最高のスタジアムだ。

地域全体からサポーターが駆けつけてくれた2010年、僕のデビュー戦となったシーズン開幕戦もいつもの年と変わらなかった。その日は、ノースランドを迎えての緊張のシーズン初戦。いつも通り観客席はいっぱいだった。

僕はベンチスタートだったが、けが人の影響で想定よりもずっと早くにピッチに入ることになった。家族や友人の声援を背中にたくさん受けて、人生で初めてプレーする12番のポジションに向けて走っていった。

ポジションに就いて前を見ると、そこには相手の同じポジションの選手、いわゆるトイメン（対面）の姿があった。誰か？　それは　レネ・レンジャーだった。

人生で12番として出場した唯一の試合のトイメンが、パワーの面でピークにあったと言ってもいい男だ。ドキドキしている間にボールがスクラムから出て彼に渡っていた。僕の方に向かって走ってくる彼のランコースから、内側にステップを切ってくるかに見えて身構えたが、レネは手前でグースステップに切り替え、ハンドオフで僕をいなし、簡単にディフェンスラインを突破してしまった。

「ああ、長い夜になるな」。そのとき、そんな思いが頭の中をよぎった。しかし、試合はアッという間に過ぎていった。チームは序盤に許した大きなリードに追いつこうと必死で食らいついたが、強力なノースランドの布陣の前になすすべはなかった。

感覚が研ぎ澄まされて、すべてが光のスピードで進んでいるような、「ゾーン」に入ったようだった。観客席に目をやったり、スタジアムの雰囲気を味わったりするような瞬間もなしに試合は終わっていた。その晩はもう3試合分プレーできそうな程のアドレナリンが体を流れていた。

兄ケーンもタラナキデビューを果たす

僕がデビューした数週間後、冷たい風が吹くカリスブルックでのオタゴとの一戦で、兄のケーンもタラナキデビューを果たした。兄のデビューに加え、僕自身は初めてのFB（フルバック）での出場。さらには歴史に名高いスタジアムということも相まって、この試合は今でも強く記憶に残っている。

家族にとっても、とても誇らしい一日となった。父がプレーしたユニオン（各地方の協会代表チーム）で、2人の息子が同時にピッチに立っていたのだ。特に我が家はタラナキ一筋で、熱狂的なサポーターでもあったわけだから。

年齢を重ねていくにつれ、僕ら兄弟姉妹は、父が残した地元での偉業を知ることになる。そして僕らがラグビーで高いレベルに上がれば上がるほど、彼の強固でタフなプレーのすごさをより鮮明に理解するようになった。

ケーンとスコットは僕とは違い、父のタフなフィジカルをしっかりと引き継いでいた。ケーンが本当にタフなバックローだったのとは対照的に、僕はSOやFBとしてスピードを生かしていくが、タックルが苦手なタイプ。父のタフな遺伝子を受け継いだか、そうでないかは、兄弟のプレースタイルにはっきり分かれて現れた。

僕は自分に、コンタクトプレーを厭わず、むしろ好んで飛び込んでいくような能力が備わっていないことを知っていた。もちろん気合を入れてトレーニングを重ねれば、そのような能力や気性も多少は養えるのは確かだが、生まれ持った性格によるところが大きいのも事実だ。ただ実際の試合では、苦手ではあるが最大限に体を当てられるように、頭のスイッチを切り替えるしかなかった。それができないと僕みたいな選手はすぐに吹っ飛ばされてしまうのだ。

父とケーンにとっては、コンタクトに頭から突っ込んでいくのは自然なことのようだった。一方で体格に自信が持てずにいた僕には、常にためらいがあった。ケーンは例の

「裏庭」でも本当に激しく、反則を犯してでも突進を続けたり、僕らを止めたりしていた。そのためか、実際の試合でもよく反則を取られていた。まあ、父が現役だった時代なら、試合でも見逃してもらえたかもしれないが…。

僕らがデビューを飾ったこのシーズン、2人ともベンチからの出場が多かった。ケーンは交代出場選手の最速トライの記録も作った。ホークスベイとの一戦で、ピッチに入って16秒でトライを決めたのだ。

僕は、シーズン最終戦で先発出場を飾った。その試合でノースハーバーを破って、他のライバルの結果が僕らにうまい方に転がれば、プレーオフに出場できる可能性が残る大事な一戦だった。

初めてのSOとしての先発で、しかも、デーゲームだった。ニュージーランドでデーゲームが意味するところは、ボールが乾いていて、ランニングラグビーに向いたコンディションということ。つまり、僕のような選手には最高の舞台だった。

コンディション通り、スコアボードはダイナミックに忙しく動いた。試合は僕らが49－47で点の取り合いを制した。僕自身もキックで19点を記録できた。だが、この試合で最も印象に残っているのは、勝ったことでも、たくさん得点したことでもない。試合の序盤、ノースハーバーのラインアウトからNO8、マット・ラウマヌがピールオフして僕の方に向かってきたことだ。

彼はそれまでに対峙した選手の中でも一番大きく見えた。身長は193センチ、体重は120キロぐらいはあったと思う。対する僕は、当時まだ83キロぐらいの細身だった。地面に足を踏ん張って、彼の上半身の方にタックルに入った。次の瞬間、僕の目に映ったのは真っ青な空だった。彼に当たった僕は、バク宙のように回りながら飛ばされたのだ。勢いづいたラウマヌは、その日ハットトリックを決めた。苦い思い出だ。

最初のシーズンはうまくいかない試合もあったが、ベンチから10分、20分の出場という役目を楽しむこともできた。多くの試合でウィリー・リピアに代わってSOで投入された。高卒の青二才がNPCですぐにスタメンになることはできなかったが、代わりに、平日の戦術や分析のミーティングやディスカッションにはできる限り参加し、トップ選手たちから学ぼうとした。

忙しいのは平日で、週末の試合になると、試合での自由なプレーで羽を伸ばしていた。

ウィリーが試合の序盤でけがをした場合などは70分以上ピッチに立つこともあったが、基本的にはベンチからの出場の方が、事前に相手の癖も見てからのプレーができる。一から「試合をつくる」というプレッシャーも少なく、楽しむという気持ちを持って試合に臨むことができた。

タラナキでのファーストシーズン、2人のコーチから学んだ

タラナキでのファーストシーズンは、コリン・クーパーとレオ・クロウリーという2人の素晴らしいコーチから本当にたくさんのことを学んだ。

特にレオコーチは、練習や試合のビデオを一緒に見返して、彼の視点からはどう見えているのかを学ばせてくれた。彼は伝統的なコーチングスタイルだったが、同時に他人のフィードバックを自分に取り込む柔軟性も持ち合わせた素晴らしいコーチだった。

選手からの提案を受け入れられないコーチも大勢いる中で、彼はしっかりと選手の意

レオ・クロウリー氏（左）とコリン・クーパー氏。「僕に
大きな影響を与えてくれた素晴らしいコーチたちだった」

見を聞いて、そこに自分の意見を照らし合わせてディスカッションに導いたりしながら、チームの戦術の基盤をつくっていくことに長けていた。

コリンコーチの指導のもとでプレーするのは、父に教わっていた時と似た感覚があった。父は決して声を荒げることはなかったが、彼なりの水準があることは僕にも分かっていたから、何とかその水準に追いつこうと頑張っていた。コリンコーチに関しても、柔らかな話し口調や満面の笑みとは別に、タフで激しい選手として知られた彼が求める高いレベルがあった。

僕は決して彼をがっかりさせたくなかったし、腰が引けた選手だと思われないように、必死でトレーニングも試合も食らいついていた。コリンコーチが先輩選手との間に入って、コミュニケーションを取ってくれることもあった。そんな助けもあり、ジェイソン・イートンやクレイグ・クラーク、スコット・ウォルドロムといった年上の選手たちから学ぶこともたくさんあった。チームの中心でいかにタクトを振り、カート・ベイカーにオフサイドをさせないように指示するかなど、グラウンドの真ん中に立つ者のすべを学ぶことができた。

その当時、コリンコーチは僕以上に、僕の将来に確信を持ってくれていたようだった。

第3章

激動の年

We'll
canterbury

セブンズの代表としての契約更新のオファーもあったが、コード（15人制や7人制や13人制）をたびたび切り替えることが、15人制のSO（スタンドオフ）として高いレベルに到達するためにプラスになるとは思えなかった。タラナキで試合に出場するようになってから時間がたつにつれ、15人制で上のレベルを目指したいという気持ちが強くなっていった。

スーパーラグビーの複数チームからオファーをもらう

タラナキ代表としてデビューした2010年の中ごろ、シーズン中にスーパーラグビーのクラブから極端に違う2つのオファーをもらっていた。高校生用のアカデミーに参加していたことや、もちろん地元ということもあり、ハリケーンズはかなり早くからオファーをくれた。アシスタントコーチのアラマ・イエレミア氏とハイパフォーマンスマネジャーのジョノ・フィリップス氏は、2011年を準備の一年として、トレーニングメンバーとしての契約を提示してくれた。

一方でブルーズは、トップチームへの最短ルートを含んだオファーをくれた。完全なプロ契約で、スーパーラグビーでのある程度の出場時間も保証する内容だ。しかも金額は、ハリケーンズの3倍以上だった。オークランドへ足を運んでクラブの施設やイーデンパークの見学も手配してもらった。非常に魅力的なオファーだった。

ニュージーランドでは、NPC（ニュージーランド州代表選手権）からスーパーラグビーへのステップアップの方が、スーパーラグビーからテストマッチへのステップアップよりも大きいと言われている。僕の場合は幸いにも、コリン・クーパー氏がタラナキでの僕の成長度合いやレベルをしっかりと見てくれていたおかげで、最適な道を選ぶことができた。

彼は僕が激しいウエートトレーニングで体を作り、ラグビーIQの面でも大きく成長していると知っていた。最短を目指すなら、翌年にスーパーラグビーのチームで司令塔のポジションに就くことも不可能ではないが、もう一年、準備に当てた方が、ポテンシャルを最大限に伸ばせる可能性が上がる。彼は、そう考えていた。

僕自身も自分の急激な成長を自覚していたが、心の奥底では、今すぐにスーパーラグビーのチームを司令塔のポジションで率いることは、まだ困難だと思っていた。試合を通して大きな責任を負うＳＯというポジションで、19歳というのはまだ若かった。もちろん19歳でフィジカルやスキルの面ではトップレベルで通用する選手もいるが、僕が担っているのは難しいポジションであり、もう少し時間が必要だった。

２つのオファーの間に、金額の面では雲泥の差があったが、それは関係なかった。長期的な視点を大切にしているかどうかが重要なのだ。辛抱し、さらにトレーニングを積めば、お金はあとからついてくると信じていた。結果、契約はハリケーンズと結んだ。年俸は４万５０００ＮＺドル（２０１１年当時のレートで1ドル≒60円、約２７０万円）だった。高校を終えたばかりの僕は、この額でも大富豪にでもなったような気分だったのだ。

お金よりも成長を第一に考慮して交渉を進める

僕にとって何がベストかを考慮しながら交渉をリードしてくれたのが当時の代理人、

アシュリー・スミス氏だった。1990年代半ばの国内ラグビーのプロへの移行期に現役だった父も、すべての交渉に同席していた。母も、何が起こっているのか、その都度確認してくれていた。

実際に交渉を前進させてくれたのはアシュリー氏だった。彼は、以前から僕ら家族をあらゆる側面でサポートしてくれていた。交渉においては細部まで丁寧に、そしてチームから最大限の支援を引き出してくれた。僕のようなポジションでは、スキルだけでトップレベルでの出場を任されてしまい、ポテンシャルを発揮し切れずにプレッシャーに潰されてしまう。そんな選手が多くいるのがラグビーの現実だった。

僕がそういった「失われた才能」の一人にならないように、アシュリー氏と父はチームに対して、今後2、3年でどのようなプロセスを想定しているのか、チームに明文化させた。これらのKPI（目標を達成するための指標）は契約書にこそ記載されることはなかったが、他のオファーと比べてお金がかかるものではなく、むしろ格安な要求であったこともあり、しっかりと文書として記録、保管された。

交渉の中でハリケーンズが他のチームと違ったのは、フィジカル、メンタル、戦術、栄養、スキル、すべての面で僕の成長を考えてくれていたことだ。チームがどのようにサポートしようとしているのか、はっきりと示してくれた。

アシュリー氏の交渉やアプローチは当時の慣習とはかけ離れていたから、チームサイドは驚いていたと思う。最初は、ハリケーンズの採用担当も、親でもないのに、この不審人物は誰だ？　といぶかしがっていた。しかし話し合いを重ねるにつれ、僕らの本気度がチームに伝わった。契約を結ぶことがお互いのためになるような、そんな関係を構築できた。アシュリー氏には感謝してもし切れない。

コーチ、トレーナー、選手、全てがプラスとなる環境

父がプレーしていたことも、ハリケーンズを選んだもう一つの理由にあった。僕は、父の足跡をたどって、親子でスーパーラグビーの同じクラブでプレーするというレガシーを築きたかった。アラマコーチと父がチームメートとして、対戦相手としてフィールドに立ったことがあったから、すでに知った仲だったということも大きかった。

それにしても、アラマコーチの契約に向けたセールストークはすごかった。壮大すぎて疑うほどだった。アラマコーチのクリエーティビティと細部へのこだわりは、今の僕のアタック面での考え方に大きな影響を与えてくれた。僕らの間にゴルフという共通言語があったのも良かった。

ハリケーンズのSOとしての僕の立ち位置はといえば、前年にオールブラックスデビューを果たしていたアーロン・クルーデンと、ブルーズで一シーズンを過ごしてウェリントンに帰ってきたダニエル・カークパトリックに次ぐ3番手だった。自分の立ち位置がはっきりしていたことで、目指すべき場所もすぐに分かった。開幕戦に先発しないといけないとか、そんなプレッシャーもなかったから、のびのびとプレシーズンを過ごせた。フィールドでのスキルやフィットネスのトレーニング以上に、フィールド外で課題が多くあった僕にとって、首都・ウェリントンの豪華な施設で、栄養士やマネジャーやトレーナーに囲まれて過ごす時間は、草の根のクラブラグビーにはないもので新鮮だった。

ハリケーンズのフィジカルパフォーマンス部門のトップ、デイビッド・グレイ（今も同じポスト）トレーナーは、僕を鍛え上げたくてたまらない様子だった。スコットランドのセブンズ代表として活躍したデイビー（デイビッド）は、ブレない芯を持っていて、完璧を追い求める男だった。彼の素晴らしいところは、そういったある意味での頑固さとともに選手たちからベストを引き出すために、より良い方法はないかと考え続けるところだ。彼自身が誰よりも勉強し、新しいものに触れるように努めていた。

やせっぽちでウエートトレーニングが嫌いなタラナキっ子（もちろん僕）は、彼と栄養士にとって、そのオフシーズン最大の難敵だっただろう。スーパーラグビーのプレシーズンはどのチームでもタフなのだが、特にデイビーのような鬼トレーナーの下では…、想像してほしい。トレーニングで限界まで追い込み、それ以外の時間で口に食べ物を運び続ける生活のおかげで、体に変化が表れるまでに長い時間はかからなかった。

デイビーの「補講」に加え、戦術、レビューのミーティンググループにも参加していた僕は、プレーに関する膨大な情報を頭に詰め込んで練習に反映し、アラマからフィードバックを受け継ぐサイクルを続けた。試合を模したシチュエーションでは、同じポジションのクルーデンを、彼だったらどのような選択をするか、彼はなぜその選択をしたのか、そのとき何を考えていたのか、質問攻めにしていた。

10番（SO）の悩みは10番にしか分からない。年上の選手にそんなにたくさん話しかけるのは簡単ではないこともあるが、当時のチームには、お互いにとことん話すことを「良し」とする風土があった。そのおかげで、僕は彼から本当に多くを学ぶことができた。クルーズ（クルーデンの愛称）も僕との対話の中に何かポジティブなものを見つけてくれていたら…、と思っていたら、彼は翌年、チーフスに移籍した。僕は、彼の移籍の理由が、僕の質問攻めでないことを祈った（本気でそう考えた！）。

スーパーラグビー、デビュー、初得点を飾る

僕は、3番手のSOとして、基本的には毎日トップチームと練習を共にし、チームがアウェーで試合の際は、育成チームの一員として下部の試合で経験を積んだ。ポリルアの、海からの南風がピッチに吹きすさぶグラウンド（今は亡きジェリー・コリンズの名前にちなんで呼ばれるスタジアム）で多くの試合を戦った。それは、真剣で激しく、僕がそれまで経験した中でも、もっともタフでハイレベルなラグビーだった。

契約の締結のころから8カ月ほどの期間は、身体的にも精神的にも大きな転機となった。チームと激しいトレーニングを重ねて、週末になると彼らがスーパーラグビーを戦う姿を自宅のソファーに座って見る。そしてアーロンのところに自分が入ったら同じようにできるか、またはどこを変えるか、そんなことをシミュレーションしながらテレビを食い入るように見つめていた。最初のころは、スーパーラグビー（SR）のレベルで戦う準備なんてまだできていないと信じ切っていたが、次第に、もう既に準備はできていて、早くプレーしたいと願うようになった。その精神状態になるまで、多くの人の支えで想像よりもずっと早くたどり着けたと思う。

SRデビューに向けてうずうずしていた僕に、チャンスが回って来たのは第9節だった。アーロンが前節のブランビーズ戦で負傷し、僕は彼の穴を埋めるためにチーターズとシャークスと戦う南アフリカ遠征のメンバーに呼ばれた。楽しみで、でももちろん緊張もあり、とにかくデビューの瞬間が待ち切れなかった。

ブルームフォンテーンでのデビュー戦は、ベンチからの16分間の出場だった。試合は白熱し、かなり血の気の多い雰囲気だったのを覚えている。お互いに点を取り合い、僕らが最後の最後でジェレミー・スラッシュのトライで逆転、その後のコンバージョンが僕の記念すべきSR初得点となった。初めての試合は終始興奮しっぱなしだった。

翌週、ダーバンでの試合は、もう少し現実に引き戻された感じだった。南アフリカに乗り込んで戦うというのはどういうことか思い知らされた。本拠地キングスパークでのシャークスは本当に強くて、観客の熱狂的な声援に背中を押されてフィジカルを前面に出してくる。僕自身も出場時間は少なく、チームも80分を通して2トライしか奪えなかった。24－40で敗れた試合は今でも記憶に残っている。

そのシーズン、南アフリカ遠征からニュージーランドに戻って2試合に出場するチャンスを得た。シャークス戦の翌週、クルーズのロスタイムでのPG（ペナルティゴール）で逆転したレッズ戦、そして数週後、どんよりしたインバカーゴで、これまたどんよりした気分にさせられたハイランダース相手の敗戦だった。

クライストチャーチが地震で被災した影響で、クルセイダーズが全試合をアウェーで戦ったにもかかわらず、レッズとのプレーオフ決勝まで進んだことが印象的なそのシーズン、ハリケーンズは全体で9位。パッとしない一年だった。

あらためてすごい選手ばかりだったU20代表

ＳＲシーズンの終わりにかけてＵ20ジュニア・ワールド・チャンピオンシップへの準備が始まっていた。ハリケーンズの試合メンバーに入っていないときはＵ20のトライアウトや合宿に参加し、ＳＲの終盤の時期にあたる6月にイタリアで開かれる大会に向け、同年代のトップ選手と汗を流した。

当時のチームのメンバーを見ると、あらためてすごい選手たちばかりだったことが分かる。キャプテンはルーク・ホワイトロック、他にはサム・ケーン、ブロディー・レタリック、ＴＪ・ペレナラ、コーディー・テイラー、ブラッド・ウェバー、リマ・ソポアンガ、ワイサケ・ナホロ、チャールズ・ピウタウがいた。後に、このチームから16人もの選手がテストマッチという国際舞台に立つことに成功している。ブラッド・シールズはイングランド代表、ガレス・アンスコムはウェールズ代表、ベン・タメイフナはトンガ代表でプレーした。ヘッドコーチはマーク・アンスコム氏、そして彼のアシスタントとＢＫコーチとしてチームに帯同したのは、のちにハリケーンズで僕を指導することになるクリス・ボイド氏だった。

　クリス氏との初対面、僕はかなり緊張していたのだが、彼はというと、会うなり「どんな風にプレーしたい？　ピッチで何がやりたい？」と聞いてきた。僕に自分の創造力を発揮させる自由をくれたのだ。悩んでいる間に試合が終わってしまうのではなく、動き続けて、選手たちがピッチ上で自分を表現する。それを最優先にするクリス氏のコーチングスタイルはシンプルに尊敬するし、大きな影響も受けた。もちろんどんなプレー選択にもリスクとリワードの比重はあるから、うまくいったときもそうでないときも、彼は必ずその背景や要因を説明してくれた。当時のチームはバックスラインにタレントがそろっていたから、僕らのマインドセットは「アタック」。そこに集約されていた。

　僕自身は、ＳＲでの出場経験を持つ数少ない選手だったから、バックスのリーダー陣の一人として頼られていた。

U20ジュニア・ワールド・チャンピオンシップで4連覇を達成する

ワールドラグビーが２００８年を境に19歳以下と21歳以下で区切っていた育成年代のシステムを20歳以下に一本化して以降、ニュージーランドはＵ20ジュニア・ワールド・チャンピオンシップで圧倒的な成績を残してきた。僕らの前年までも3連覇を達成していたから、僕らの肩には大きな期待とプレッシャーがかかっていた。

それまでの好成績と、クリス氏が与えてくれた創造力を発揮する自由により、僕らは「自分たちのラグビー」に自信を持って大会を戦えた。予選プールでは２０４得点と大爆発、守備でも失点をわずか22点に抑え、準決勝でもオーストラリアに快勝した。選手層が厚すぎて、決勝戦ですら得意なポジション以外で出場する選手がたくさんいた。ガレスがＳＯでリマが12番、その外側13番にはフランシス・サイリが入った。それによりチャールズ・ピウタウがウイングで、僕はフルバックに入った。ワイサケがベンチスタートだったことからも選手層の厚さが分かってもらえるだろう。

決勝で戦ったイングランドのメンバーも僕らと同じくタレントぞろいだった。オーウェン・ファレル、エリオット・デイリー、マコ・ヴニポラ、ジョージ・フォードらを擁し、僕らよりも過酷な予選プールとフランスとの準決勝をくぐり抜けた経験が、彼らにさらなる自信を与えていた。イングランドが北半球の雄として、ニュージーランドを倒すチャンスをうかがっていることも、いつも通り変わっていなかった。

決勝は、僕らが試合に慣れる前にイングランドが先制トライを決めて始まった。しかし、それで目が覚めた僕らはそこから試合の主導権を握った。その後はリードを保って試合を進められた。後半の中盤、イングランドがトライを決めて1点差、コンバージョンを決めれば逆転というところまで追い上げてくるシーンもあった。ただ、拮抗した展開となる時間帯もあったが、僕らのアタックは彼らにも止められなかった。その日はガレスのプレースキックが絶好調でPGを何本も決め、僕も試合を決定づける最後のトライを奪った。きっと試合の面白さが実際の半分だったとしても、パドヴァに集まった一万人のファンは満足だっただろう。エキサイティングなスタイルで優勝カップを掲げ、4連覇も達成できた。最高の気分だった。

僕らの家にもやってきたランファリーシールド

１９９６年8月24日、父がタラナキの一員としてランファリーシールドを勝ち取った。15年後の同日、２０１１年8月24日、僕も父の後を追うように伝統の一戦を制した。

ニュージーランドの州代表のラグビーで最も古い歴史を持つタイトルとして知られるランファリーシールド。その歴史と伝統から、今日においても選手や各州の協会が本気で獲りにいくほど価値があるものだ。盾の奪還、防衛のために繰り広げられた熱戦は数え切れない。そしてニュージーランドのラグビーファンなら誰しも自分のひいきのチームが盾を保持している期間のことを覚えている。

１９９６年、ニュージーランドでラグビーがプロ化した。その年開幕したスーパーラグビーの初年度は、国内で長年覇権を握っていたオークランドを本拠地とするブルーズが優勝した。オークランドは１９９３年まで、いまだ破られていない66試合連続でのランファリーシールド防衛を達成した強豪だ。その後１９９５年シーズンの終わりにかけて伝統の盾を再びその手に収めていた。

そして1996年。父がプレーするタラナキが、盾を保持しているオークランドと戦った一戦は、潤沢な資金で選手を集める大都市の金持ちチームと田舎の酪農家の対決のような構図で見られた。その試合は、アウェーながらタラナキからも多くのファンが駆けつけた満員のイーデンパークでシーソーゲームが繰り広げられた。

タラナキが42‐39の接戦を制したその日、試合の最後の瞬間にボールを持っていたのが、インゴールに飛び込んでトライを決めた父だった。ボールをグラウンディングし、拳で地面をたたいていた父は、次の瞬間ノーサイドのホイッスルが聞こえるとその拳を空に突き上げた。

試合後、ニュープリマスに着陸した飛行機からタラナキの選手たちが降りてきて、当時のチームのアイコン的な存在だったすきっ歯のアンディー・スレイターが盾を掲げたシーンを、地元の人は決して忘れないだろう。当時僕は5歳で、試合はテレビで観戦。飛行機での凱旋の時は家で座って待っているなんてできずに、多くの地元の人とともに空港に向かい、父とそのチームメートを出迎えた。そして、持ち帰られた盾は、僕らの家にもやってきた！

翌週、タラナキは盾の防衛に成功するも、その次週にはワイカトに敗れ、それを手放すこととなった。そして盾は、１９９６年シーズンの終盤に再びオークランドの手に渡り、安定した様子を見せていた。

ハリケーンズデビューとランファリーシールド獲得、父の偉業を再現

２０１１年、僕らはそのシールドの奪還に成功した。そしてその日は、１９９６年と同じ日付だったのだ。ただ、そこに関わる状況は大きく違った。僕らは夜8時、インバカーゴでサウスランドを破り、シールドを獲得した。４日前にはカンタベリーに０－27で屈辱的な敗戦を喫していたが、しっかり立て直したのだ。

サウスランドとはかなりの接戦だった。お互いトライは許さず、僕と、相手のジェームス・ウィルソンがＰＧを決め合ってスコアボードが動いていった。最終スコアは15－

12、僕の方が一本だけ多く決めた。
接戦だったことも、トライがなかったことも、その試合に限っては誰も気にしていなかった。父のチームが獲得した15年前以降、初めてタラナキにシールドが戻って来たのだから…。それだけでよかった。

しかし、僕らは1996年のチームのように凱旋パレードで、地元の人と共に祝うことはかなわなかった。4日後に最初の防衛戦が控えていたからだ。もしその防衛戦でホークスベイを破ることができれば、僕らは夏の間シールドを保持し、地元の各家に回すこともできた。しかし敗れれば、シールドの史上最短保持記録を更新することになってしまう。勝てば天国、負ければ地獄。そんな一戦だった。

戦前はタラナキ有利の見立てが強く、地元ファンも期待とともに日曜日の午後、ヤロウスタジアムに詰めかけた。もしかすると彼らは僕ら選手以上に強い決意でキックオフを迎えていたのかもしれない。ホークスベイも、ブロディー・レタリックやハリケーンズのチームメートだったリチャード・バックマン、ダン・カークパトリックを擁する強力な布陣で、僕らが手にするシールドを獲りに来ていた。

結局、僕らはなんとか試合に勝利し、夏の間のシールド保持を達成した。ランファリーシールドは僕と父だけじゃなく、家族にとってとても意味のあるものだ。ケーンは2012年シーズンを通してタラナキのシールド防衛に貢献し、スコットとジョーディーはその数年後にカンタベリーでシールド獲得を経験している。ホークスベイを破った僕は、やっと1996年の父と同じように、シールドを大好きな家、農場に持って帰ることができた。

僕にとって激動の一年はシールドツアーで最高の幕切れを迎えた。フルタイムのプロ選手として最初のシーズンをしっかりとやり切り、U20ジュニア・ワールド・チャンピオンシップでの優勝も経験できた。ハリケーンズデビューとランファリーシールド獲得と、父の偉業を2つなぞることにも成功した。

数年前までは大好きなタラナキのアンバー・ブラックを着ることが目標だった少年は、このとき、次に待つ人生最大のステップアップの存在をまだ知らなかった。

▶2012年、ハミルトンでのオールブラックスデビュー戦後のインタビューで、スティーブ・ハンセン（左）と共に。「緊張しているように見えるかな？」

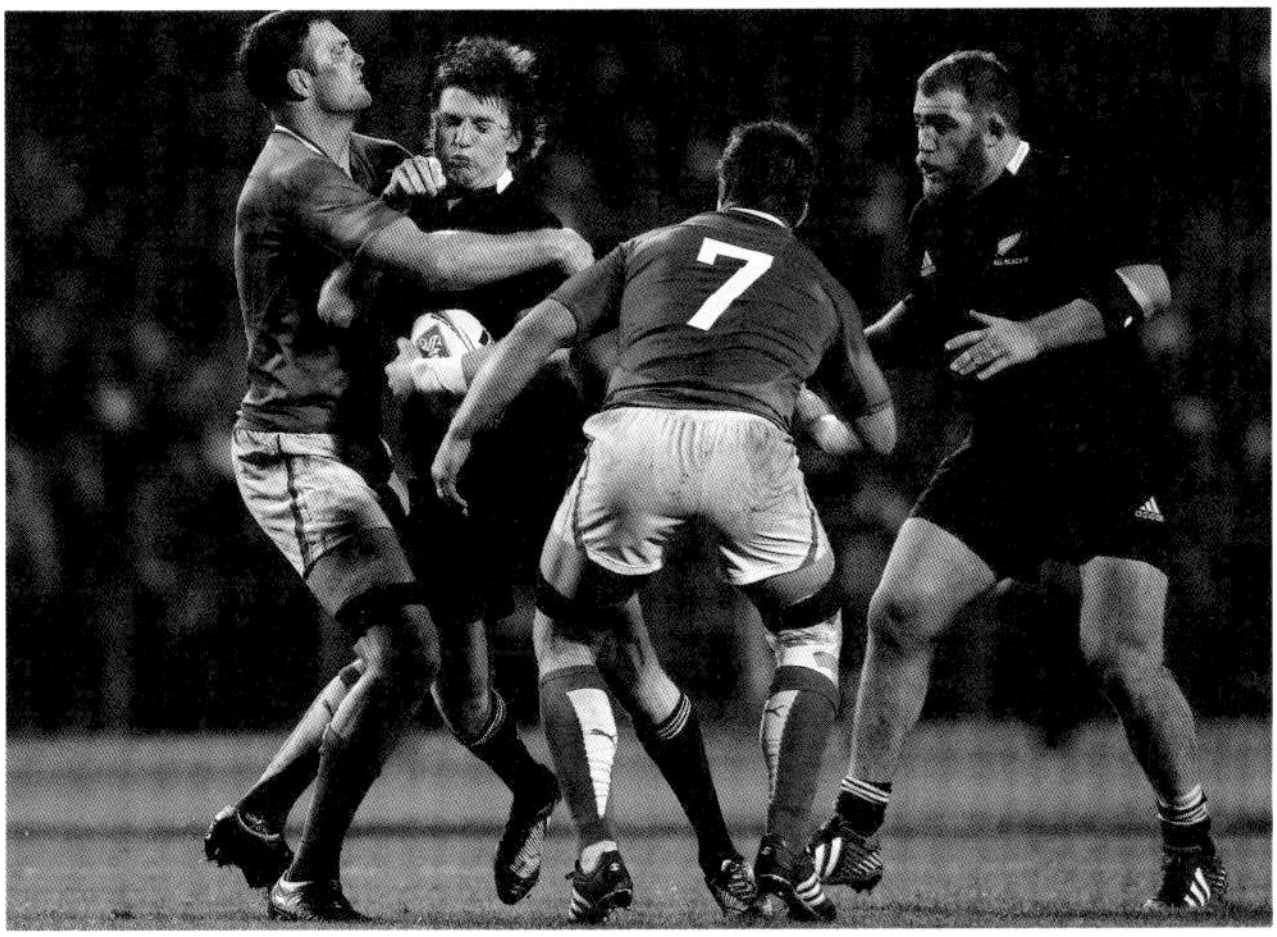

◀2012年、ハミルトンでのテストマッチデビュー戦(対アイルランド)。マンスターの大男、ピーター・オマホニーに狙われる

◀そしてやはり、しっかりと捕まってしまった。チームメートはオーウェン・フランクス、相手の7番はショーン・オブライエン

初テストマッチとなった2012年、ハミルトンでのアイルランド戦にて。オールブラックスはこの試合で60点を挙げ大勝を収めた。「僕もデビュー戦ながら3つのコンバージョンと1つのペナルティーゴールでチームに少し貢献できた」

▲サム・ケーンとの抱擁で勝利を祝う

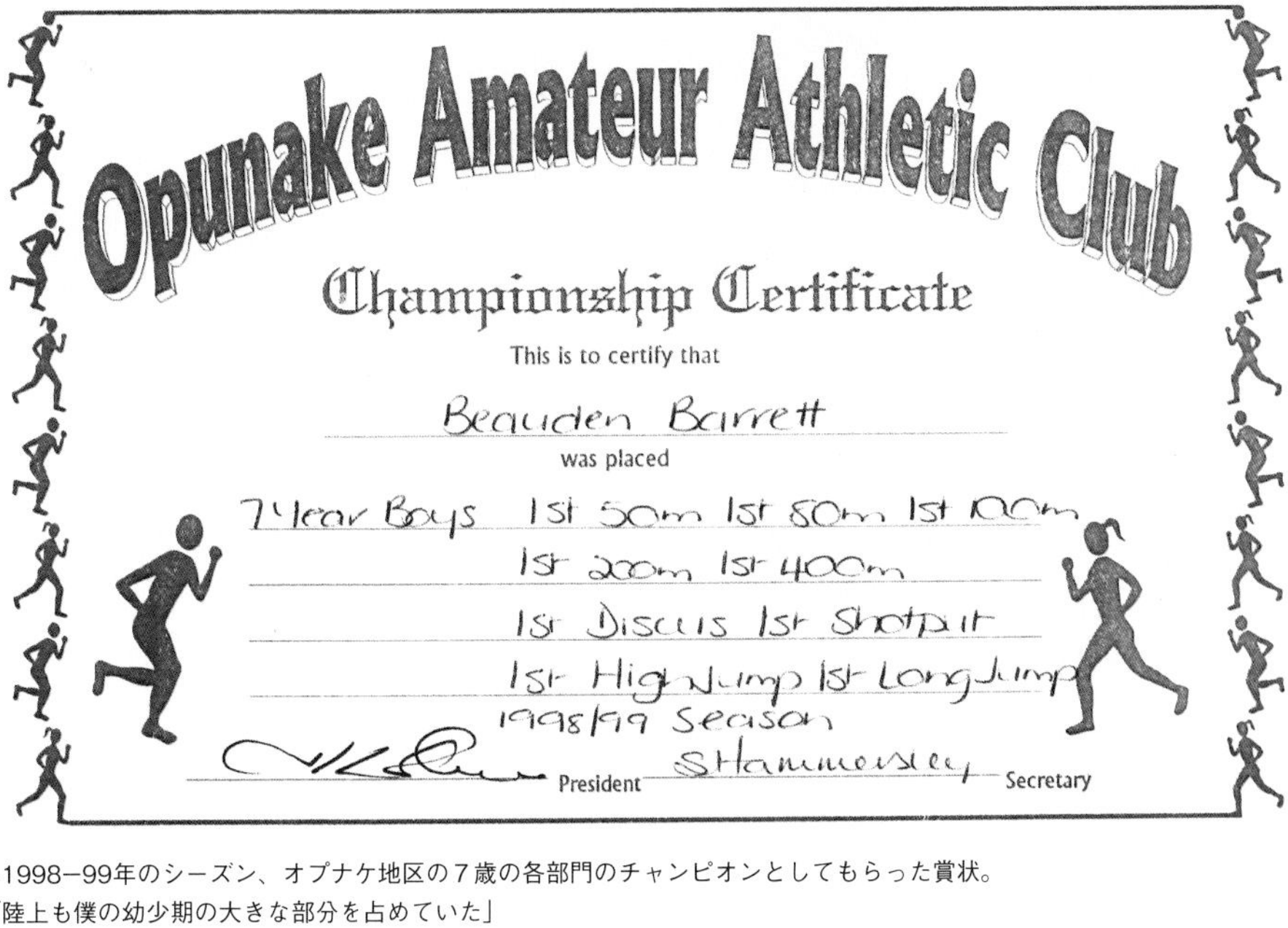

▲1998−99年のシーズン、オプナケ地区の７歳の各部門のチャンピオンとしてもらった賞状。
「陸上も僕の幼少期の大きな部分を占めていた」

▲200メートル走のスタート前。外側のレーン２番目、黄色と緑のユニホームがボーデン。12歳のときに参加したコルゲートゲームズにて

▲「プロ選手になったばかりのころはウエートトレーニングが苦手だった。でも、今では生活の一部」

▲ウエート、食事、練習と、全てにかける時間を大きく増やすと、体の変化はすぐに見られた

▲ウエートトレーニングでその日のプログラムを確認するボーデン

▲オールブラックスでイアン・フォスターコーチ（現ヘッドコーチ）と。「初めて会ったときから、ゲームプランをチームメートに『売り込む』ことの大切さを教えてくれた」

▲オールブラックスのレジェンド、ダン・カーターと。自分がスタメンに入らなかったときは、スターティングメンバーを最大限サポートできるように努める

◀「苦しい状況のときは、ラグビーをプレーすることの純粋な楽しみを思い出すようにしている」

▶「目標を高く持ち、やるべきことを積み重ねれば、不可能なんてない」

▲クリスマスのバーベキューで家族、友人と。2017年

タラナキのアンバー・ブラックを着ることが
目標だった少年に、人生最大の出来事が訪れる――。

第4章

オールブラック#1115

WEL NETWORKS

ハリケーンズのマネジャー、トニー・ワード氏が僕に電話を手渡した。シドニーでのワラターズ戦、ノーサイドからロッカーに引き上げた直後のことだ。電話の先からは「もしもし、ダレン・シャンドです」と声がした。

オールブラックス選出の一報は一本の電話

僕は自分の目が大きく見開かれるのを感じた。ダレン・シャンド…、オールブラックスのマネジャーだ。アイルランドとの6月のテストシリーズのメンバーに選ばれたと告げられた。

電話口では、彼からまずメンバー入りが告げられた。翌日オークランドに集合すると言われるまでの間、僕の口はおそらく「ありがとうございます」と2、3語発しただけ。それ以上は開かれることがなかった。プンガレフの農場で、ラビットと呼ばれた痩せっぽちが、オールブラックスの一員になろうとしていた。

２０１１年、ニュージーランドで開催されたワールドカップでオールブラックスが優勝を飾り、国中を熱狂の渦に巻き込んだ。その熱が冷めやらぬ翌２０１２年、僕個人も大きく飛躍しようとしていた。まずはハリケーンズで、同じポジションでレギュラーだったアーロン・クルーデンがチーフスに移籍したことにより、残された僕とダン・カークパトリックは10番のジャージーへ一歩近づいていた。１年前と比べ10キロの増量に成功し、戦術的な知識も膨大な量を吸収していた。チームの司令塔としてピッチに立つ準備は万全だった。

またティム・ベイトマンとコンラッド・スミスという、それまでプレーした中で最もコミュニケーション能力に優れる２人と、一試合を除く全てでバックスラインを形成できたことも僕の成長の大きな助けになった。ウイングのコーリー・ジェーンからの声も加わって、情報と指示、つまり僕が10番として必要とする全てを彼らが届けてくれたのだ。

僕がオールブラックスに選ばれたのは、見方を変えるとそんなに驚くことではないのかもしれない。ニュージーランドからスーパーラグビーに参戦するチームは５つだけ。

つまり先発SO（スタンドオフ）も5人しかいないのだ。オールブラックスには通例3人のSOが選ばれるから、ハリケーンズで毎週試合に出ていた僕にとっては、十分にあり得る話だった。

今は報道やうわさは決して見ないようにしている僕だが、当時は自分自身やチームメート、ラグビー業界全体にまつわるメディアの報道にもくまなく目を通していた。今は、良いことよりも悪いことを書く記事が多くて閉口してしまう。2012年は、ポジティブなニュースばかりだったから、読んで気分を高められることもあったが…。メディアを通して世間の期待を感じるたびに、それらに応えたいという気持ちが高まっていった。一つ上のレベル（テストマッチ）に臨む準備もできている自信があった。

メンバーに選ばれるかもしれないという予想がある程度あってもなお、ダレン・シャンド氏から電話で実際に選出を告げられたときは、興奮して体中に電気が走ったし、ワラターズに快勝した後のシドニーでのロッカールームは、普段の勝利以上に感慨深いものになった。ジュリアン・サヴェアも僕と同じく初選出を告げられていたので、2人で祝うこともできたが、ロッカールームにはメンバー入りを逃して落ち込んでいるチームメートもいたから少し複雑な気分だった。その晩はろくに眠れぬままに、翌朝早くのフライトでオークランド、ノースショアへと飛んだ。

生涯忘れられない初日の出来事

翌日に控えていたメディアと一般へのアナウンスまで、できるだけ選出を口外しないように言われていたが、父にだけは電話で報告させてもらった。普段から電話で多くを語ることのない父だったが、そのときは無口だからではなく、驚きで言葉を見つけられずにいたようだった。

報告してからしばらく間をあけて出てきた彼の言葉からは、受話器越しからも興奮と誇らしさが伝わってきた。父の言葉に僕自身も誇らしさでいっぱいの中、続けて母にも報告したのを覚えている。彼ら2人は僕の流した血や汗や涙の全てを間近で見てきたので、僕がいつかオールブラックスになれることがあればと願いつつも、まさか、本当にかなうとは思っていなかった様子だった。

オールブラックスの一員としての初日の出来事は生涯忘れることはないだろう。シドニーからチームが滞在するホテルに直行し、そこでダレン・シャンド氏と落ち合った。チェックイン前に昼食を食べておくようにと勧められレストランへ向かった。店の中に入るとそこにいた客はただ一人だけ。リッチー・マコウだった。恐れ多くて一緒に座って食べるのも…、と思ったが、挨拶しない方が失礼だと思い直し、同じテーブルに座って食べた。勇気を振り絞って座るまでは良かったけど、緊張してほとんど話せなかった。

オールブラックスのキャプテンとの予期せぬ形での初対面を無事くぐり抜けた僕は、昼食を終えてホテル一階のレストランから、割り当てられた部屋へ向かった。扉を開けるとそこにはルームメートがいた。ダン・カーターだ。リッチーとのランチより緊張することはなかったが、「ＤＣ」のイニシャルがプリントされたバッグを見て、あらためて自分がどこに来たかを思い知った。部屋の間取りがアパートのようで、寝室が別れていたから、ほんの少しだけ自己紹介程度の会話をした後は自分の部屋に逃げ込んで、しばらく隠れた。オールブラックスとしての最初の数時間で一生分の興奮と緊張を味わったような気がした。

初招集の際に必要な手続きや作業が控えていたおかげで、ルームメートとの気まずい時間を必要以上に過ごさずに済んだ。チーム内外の多くの人に挨拶をして回り、電子機器やアプリのセットアップをし、チーム秘書のビアンカ・ティール氏と基本的な個人情報を一通り確認した。そしてその後に控えていたのがチームウエアの採寸だった。歴代のオールブラックスの選手も皆同意してくれると思うが、この採寸はクリスマスのプレゼントを開けるみたいで、それ以外に表現のしようがないのだ。

みんなと同じように、スポンサーのアディダスのウエアで全身をそろえるのは夢のような瞬間だった。ケーンのお下がりを着るのとは比べ物にならなかったよ（笑）。

オールブラックス新体制スティーブHCのスタイル、ビジョン

オールブラックスの成績や動向は常に注目されてきたが、ワールドカップを制した後、新たにヘッドコーチに就任（～２０１９年）したスティーブ・ハンセン氏が新生オールブラックスのメンバーを発表する際には、一層の注目が集まっていた。メンバー選考か

ら、彼が自分なりのスタイルでチームをつくっていこうとしていることは明らかだった。大胆さとバランスを兼ね備えたメンバー編成で、ワールドカップ制覇メンバーを中心に、チームの核となる8人のリーダーに僕ら新人が食い込んだ形だった。初招集メンバーには僕とジュリアン・サヴェアの他に、アーロン・スミス、ブロディー・レタリック、サム・ケーン、ルーク・ロマノ、ベン・タメイフナが入っていた。

スティーブ氏はチームが始動して直ちに、メンバー全員に同じ絵を見せるためにあらゆる手を尽くしていた。ワールドップ優勝メンバーに余韻に浸る時間が与えられることも、新人に雰囲気に慣れるためだけの試合やテストシリーズが用意されることもなかった。彼は、チームがワールドカップ制覇という偉業から頭を切り替え、さらなる高みを目指すために、全員のハードワークを強く求めた。チームの目標も早くに「ラグビー史上最強のチームになる」と掲げられ、達成するためには、まず向こう10年に渡って他国を圧倒することが求められた。

最後に僕らが「史上最強」になれたかは、周りが決めることだと理解していたが、スティーブ氏の指揮のもと最初に臨んだテストシリーズ、対アイルランド戦で、僕らはすでに手応えを感じ始めていた。チームの核となるリーダー陣が示すスタンダードや手本に、全力で食らいつく日々だった。

スティーブ氏との初対面は、怖かったかといわれると…、どうだろうか。かなり緊張もしていて、初めは会話を続けるのも大変だったのは確かだ。もしかすると、彼が元警官だったと知っていたせいで、何もしていないのに悪事を働いたコソ泥のような気分になっていたからかもしれない。彼と時間を共にするにつれて、選手を信頼していて、愛情深い人だと分かっていった。スティーブ氏も、過去に僕を指導してくれたコーチたちと同じように、僕を即戦力ではなく、これから磨きをかける原石のような存在として見ていて、練習に交ぜて、本当に素質があるのか、磨けば輝くのか、そこを見極めるために招集したのかもしれなかった。なぜそう思うかというと、DC（ダン・カーター）とクルーズは当時けがに苦しんでいたこともあって、スティーブ氏は僕よりも経験のある、すぐにピッチに立たせられるSOを3人目として選ぶこともできたからだ。それでもスティーブ氏は長期的な視点で、時間をかけて僕を育てる道を選んでくれた。僕にとっては本当に幸運なことだった。スティーブ氏は忠誠心を大切にしていて、彼のもとでプレーすると、選手は自然と彼の期待に応えたいと思うようになっていく。

スティーブ氏がチームをどこに導こうとしているかのビジョン、そして、直近のチームの好成績がその後のチームにどれほどポジティブな影響を与えるかを、僕ら新人は目の当たりにした。メンタルスキルコーチのギルバート・エノカ氏は、チームが滞在するどのホテルにもチームルームを設置してくれた。僕らがどこから来てどこを目指すのか、常に思い出せるような環境を作り出してくれた。その部屋の存在は、僕らが地に足を着けるためにどれだけ大きかったか。見据える先を思い出させ、チームのレガシーを受け継がねばという責任感を感じる方向に導いてくれた。

チームルームは、遠征先での僕らの「ファレ」(マオリ語で家)だった。ギルバートコーチは部屋の壁に、最近活躍した選手とその選手が参加したツアーやトーナメントでの功績を称えたポスターを貼ってくれた。部屋がまるでトロフィールームのように。例えばリッチー・マコウの写真とともに、彼が勝ち取ったブレディスローカップやザ・ラグビー・チャンピオンシップ、国内クラブはもちろん、ワールドカップやグランドスラムツアーなどの偉業が記されたポスターが貼られるのだ。遠征先の街や国が変わっても、レジェンドたちの偉業が常に目に入るのは刺激的で、自分もその一員になりたいという気持ちを持たせてくれた。

アイルランドとのシリーズを前に、スティーブ氏は全員に出場機会を与えるつもりだ、と話していたが、シリーズの進み方や、一戦一戦の勝敗によっては、僕に機会が回ってくることはないかもしれないと覚悟もしていた。ワールドカップも含む長いシーズンの終盤にもかかわらず、アイルランドはブライアン・オドリスコルを先頭に強力な布陣でニュージーランドに乗り込んで来ようとしていた。また両国の対戦で史上初めてのニュージーランドでの3連戦ということで、余計に気合も入っていたようだった。競り合った展開になったら、僕に出場するチャンスはないかもしれない。そう考えていた。

苦戦が予想されたシリーズだったが、オールブラックスは素晴らしいスタートを飾った。イーデンパークでのワールドカップ決勝以降最初のテストマッチで、アーロン・スミス、ブロディー・レタリックがピッチに立った。そして、共にデビューした僕のハリケーンズのチームメート、ジュリアン・サヴェアがハットトリックで衝撃のパフォーマンスを見せた。

2戦目は打って変わって大接戦。クライストチャーチでの最後の8分間、僕らは退場選手が出て14人での戦いを余儀なくされた。しかしアイルランドの猛攻に遭いながらも、DCが79分に決めたドロップゴールのおかげで22－19のスコアでなんとか勝利を収めた。

「3連戦の中で全員が出場機会を得るだろう」

とスティーブ氏は話していたが、2戦目が終わった時点で僕はベンチ入りすら果たしていなかった。シリーズ中の戦術関連のミーティングには全て参加して、サインプレーの説明の際には、滅多に個人名が使われることはないはずなのに、スティーブ氏が時折僕の名前を使って「ボーディー、君がここにポジショニングするとしたら…」などと話し出すと、僕はただ目を開いて、冗談だろうと思うしかなかった…。週末の試合に向けたメンバーに選ばれない場合、その週の後半でコーチからその次の試合に出るためにはどうするかアドバイスをもらうことになっていた。

そしてハミルトンでの3戦目を控えた1週間が始まった。僕はヤキモキしながらメンバー発表を待っていた。サム・ケーンが2戦目でデビューを飾ったから、残るはルーク・ロマノ、ベン・タメイフナ、僕の3人だった。シリーズは終わろうとしている。コーチは全員出すと言っていた。僕も出られるのだろうか？

頭の中はハカでいっぱいのオールブラックスデビュー戦

メンバーが発表される火曜日に先駆けてＤＣのケガが分かり、僕のヤキモキは終わった。メンバーが公になるのは試合前の木曜日が一般的だが、チーム内では火曜日に発表される。火曜日と水曜日は隠そうとするチーム側とメディアとのいたちごっこになるのが常だ。だけどその週は隠すまでもなく、アーロンが先発で僕がベンチと明らかだった。デビュー戦に向けての一週間、過度に緊張することなく、どちらかというとリラックスしながら自分の役割を確認して試合に向けたマインドをつくっていけた。試合前のハカの振り付けを間違えないか、これだけは唯一の心配事で、考え出すと夜も寝つけないほどだった。

「カマテ」でも「カパオパンゴ」でも、チームで事前に練習はする。当時のメンバーには初招集の選手が多くいたから、僕らは皆、シリーズ中に追加で猛練習を積んでいた。初戦でデビューしたジュリアン、ブロディー、アーロンはすぐに覚えなければいけなかったけど、ハミルトンで先発メンバーに選ばれたルークとベンチ入りした僕は、彼らよりも余計に練習できた。振り付けと言葉を覚えるのはもちろん大切だけど、中身の意味や重要性を理解し表現することも同等か、それ以上に大切だった。間違えたらどうしようとあまりにも不安で、試合会場に向かうバスの中でも、ＹｏｕＴｕｂｅで過去の「カマテ」の動画を見て復習した。

ワイカトスタジアムでの国歌斉唱の間も、頭の中はハカでいっぱいだった。オールブラックスとしてのデビューを控え、誇らしい気持ちで高揚していたし、家族がそろってスタンドで見ているのも知っていた。が、頭の中では「今日は3試合戦う。まずは国歌、次にハカ、それが終わったら後は試合。試合は楽しむだけだ」と言い聞かせていた。

肝心のハカもなんとか切り抜けられた。長いこと定位置になる後ろの方で、できるだけ影を薄くしていた。ハカが終わったときの安堵はいまだに忘れない。やっと試合に入れると…。

リザーブとしてベンチに控えるのは独特の感覚だ。出場するのか、しないのか、するならいつか、どんなゲーム展開なのか、全く分からないのだから…。ベンチでもフォワードの選手たちは、普段とは違うポジションでのラインアウトのサインを試合中に確認したり、具体的にやったりすることがあるが、バックスは基本的にただ試合を観て呼ばれるのを待つだけだ。僕と交代する可能性のある選手が倒れ込むたびに心拍数が上がる。ハカが終わりベンチに座って、チームがピッチで輝きを放つのを見守る。その夜も同じだった。

先発したアーロンは、序盤から12番のソニー＝ビル・ウィリアムズとの絶妙なコンビネーションで相手のディフェンスを翻弄していた。しかし25分が経過したとき、4トライ目をお膳立てする途中でアーロンは頭を打って倒れた。僕の半分は彼が起き上がってプレーを続けることを祈っていたが、もう一方ではピッチに出たくて仕方がない僕もいた。マネジャーが無線でメディカルスタッフの報告を受けながらコーチ陣に指示を仰いでいた。

彼はピッチを後にし、僕が入った。21番を背に歴代1115番目のオールブラックスとしてワイカトスタジアムに足を踏み入れた。想定していた短時間の出場とは違い、打って変わって65分の出場となった。が、26－0で相手を圧倒していた最高の流れのおかげで、リラックスして試合を楽しめた。ハーフタイム前にはタッチライン際からのPGでオールブラックスとしての初得点を決めることもできたし、最高の滑り出しだった。後半に入っても僕らの勢いは落ちることなく5トライを追加し、60-0で対アイルランド戦での最多得失点差を更新しての圧勝で締めくくった。

正直に言うと、これらの試合の記憶はすべて試合後に見たマッチレポートやスタッツから来ている。試合中はすべてがアッという間で、表現の仕方が難しいが、ぼかしが入った世界にいるようだった。試合のビデオも、ハイライトでは見たが通しで見ることはなかった。もし、マッチレポートを読んでいなかったら試合の3分の2ではなく、後半の30分だけ出場したなどと言いかねないぐらいの曖昧な記憶しかないのだ。

その夜の出来事で他に覚えていることと言えば、僕と同じくベンチから出場したアイルランドの伝説的SOローナン・オガーラとジャージーを交換しようとしたことだろう。僕が自分のジャージーを差し出そうとすると、彼は「初めてのジャージーだろう。自分で持っておくものだよ」と言ってくれたのだ。

小さいころから尊敬して、何度もビデオで見てきた選手からこんなにも紳士的な対応をしてもらえて、さらに彼への尊敬の念が増した。デビュー戦のジャージーは、いまでも父と母の農園に飾ってある。

試合の中身はよく覚えていなくても、タラナキでの2年前のデビュー戦の夜と同じく、試合が終わっても体はエネルギーで満ち溢れていた。試合中は、自身のエネルギーも、緊張も、観客の興奮も一応感じてはいるが、全てがぼやけた感覚で、スタジアム内で起きたこと全部がホワイトノイズのようだった。観客からの声援が力になることもあるし、アルゼンチンやフランスの観客の応援歌やチャント（応援歌）、ダニーデンの「The Zoo（大騒ぎして応援するスタンドの一部ゾーン）が観客の激しい応援で揺れていると、僕は個人的にはそれらを敏感には感じ取っていないが、確かに迫力はある。しかし、僕が雰囲気に浸るのは、いつだって試合中ではなく試合が終わった後なのだ。

できるだけ長い先の未来まで、一度も落選しないように決意

テストマッチデビューは試合前から試合後まで、興奮しっぱなしの一日だった。そし

て、試合後のロッカールームでチームメート、コーチ、スタッフと飲み交わすビールは何よりの楽しみだ。連戦のシリーズでも、一週間であっても、一試合であっても、勝利に向かってハードな練習を積んで、努力が実った成果に真に浸れるのはその瞬間なのだ。どんなレベルであっても、仲間の隣に座ってビールを片手に、勝っても負けてもその日の戦いを振り返る。その小さな一瞬こそがラグビーで築くことができる友情だと僕は思う。

その夜もビールを片手にロッカールームを見渡して初めて、この上ない誇らしさを感じると同時に、テストデビューを果たしたメンバーの間に築かれ始めた絆を目にした。ブロディー（レタリック）とサム（ケーン）と僕は、前年開催されたU20ジュニア・ワールド・チャンピオンシップに向けて一年間、共に練習を積み、優勝も経験していた。アーロン・スミスはこのシリーズの3試合全てでSH（スクラムハーフ）として先発出場し、素晴らしいパフォーマンスを見せた。そしてシーズン後半にはデイン・コールズもオールブラックス入りを果たす。僕らはそのときから、自分たちがいつの日かオールブラックスの次世代のリーダーになるだろうと感じ始めていた。そして僕らの写真と功

“オールブラックス”デビューとなった
2012年アイルランド戦のマッチデープログラム

績が、リッチーのそれのように、長きにわたってチームルームに飾られることを願って結束を強めていた。

ラグビー選手なら誰しもが、オールブラックスに選ばれるということがいかにすごいことか分かるだろう。しかし、その歴史や、背負っている期待、特別さを本当の意味で感じるのは、ベテランの選手たちが試合や練習のハドルで話し、自分とアイコンタクトを取るときだ。いつでもどこでも学ぶことは尽きないけれど、リッチー（・マコウ）やダン（・カーター）、コンラッド（・スミス）、ケヴィン・メアラムのような、ピークにある選手と同じチームにいられるというのは、何にも代え難い時間だった。彼らの影響力はものすごく、僕ら新人はスポンジのように全てを吸収していた。吸収してばかりだった理由には、おそれ多すぎて僕らから発言することがなかったことも挙げられるだろう。とにかく、オールブラックスの名に恥じないように、なんでも学びとろうとしていた。オールブラックスのハイレベルな環境が、この世界で、自分の成長を一番に促してくれるとすぐに分かった僕は、できるだけ長い先の未来まで、一度もメンバーから落選しまいと決意した。当時のメンバーには各ポジションに世界トップの選手がそろっていて、フロントローでもバックローでも、センターでも、どのポジションでも、今日オールブラックスのレジェンドとして語り継がれる選手がいた。

そんなレジェンドたちが練習や試合でみんなに話すとき、彼らは自分を追い込み、弱みすらさらけ出す。若い選手としては、弱みなどなく最強だと思っていた憧れの存在がそのように話すことに言いようのない違和感を持つことがあったが、自分とチームメートに正直であることが、さらなる成長に必要だということを学ばせてもらえた。

これこそが、オールブラックスがオールブラックスたるゆえんなのだ。

母からボーデンへ

スタンドから愛を

ボーディーがアイルランドとの3戦目でのメンバー入りを電話で報告してくれたとき、私たち家族は呆然としていた。信じられなかった。彼の能力を疑ったこともちろんなければ、その週でデビューできることを願っていたけど、それが実際にかなうことになるとは…。それは想像をはるかに超える喜びだった。彼のメンバー入りは私たち家族全員にとって素晴らしい出来事。けれども同時に、試合までのその週の残りの日々は何も手につかないというある意味、喜ばしい〝代償〟もあった。親戚や友人たちとニュースを共有することに熱中してしまって、まるでファンタジーの世界にいるような高揚感で、現実に必要な仕事なんかも全く手につかない。

試合に向けた一週間を通して、あらゆる種類の感情を私たち家族も体験した。周りからの温かいお祝いのメッセージで家中が彩られていった。と同時に、子供が最高の人生を送れることを、だれよりも願う気持ちと、思った通りにいかない場合に備えて現実的な目を失わないことのバランスを考えた。子供を持つ親に特有の感覚を保とうとする心の動きが強くなるのを感じた。

メディアの取り上げ方は現実離れしていたように思う。週の途中からは、心無い報道や、聞くに耐えないコメントが多すぎて、ラジオも記事もシャットアウトしていた。ネガティブな言葉が、祝福と歓喜に包まれるべき素晴らしい出来事から、その輝きを奪ってしまうことがあると痛感した。

巷に溢れる意見や批判との距離の取り方は、いまだに試行錯誤の日々。「母」にとっては本当に難しい。一週間を通して、ボーディーから練習や試合に向けた合宿生活について電話でもメッセージでも、何が起こっているか聞きたくてそわそわしていた。

夕食のメニューは何なの？　バスでは誰の隣だったの？　ルームメートは誰なの？　練習でゴールキックはちゃんと入った？　スティーブ・ハンセンとは話をした？　そんな質問がどんどん浮かんでしまう。私たちでもこれだけ新鮮に感じてワクワクしていたのだから、本人の頭の中はもっともっとあらゆる感情や思いでいっぱいだっただろうと思う。

タラナキの我が家の農場から（試合会場の）ハミルトンまでは4時間ほどのドライブで着く。しかしバレット家流というよりも、ロビンとケビン流のお決まりで、試合当日にイベントを詰め込みすぎてしまい、その日もキックオフに遅れそうだった。スタジアムに着くと、スマイリー（ケビン）が仲間たちと「一杯だけ」と飲みたがってアイリッシュパブに入ったせいもあって、入場の手荷物検査のときにはすでに国歌が始まっていた。

席に着いたときには、私たちの華奢な息子がハカの後ろに隠れるようにつくのが見えた。彼の姿を目にして、そこまでの一週間で感じた想いや経験がどっと押し寄せてきた。期待ももちろんあったけど、彼がもしかしたら出場することさえない可能性、出場したとしてもほんの少しの間だろうという思いを捨てきれずにいた。

その日、ボーディーが実際にプレーした時間を想定していた人なんていなかったはずだ。キックオフの笛から25分後に彼がピッチに入っていくそのとき、ケビンを見て、彼も私も体の震えを抑えられない状態だったのを覚えている。交代した直後、サイドラインからのゴールキックを蹴るためにボールを手にした。それをしっかりと決めたときの感情は、言葉で言い表せるものではなかった。

スポーツが好きで運動神経にも恵まれた子供たちを育てるにあたって、必要以上に期待やプレッシャーをかけたり、スポーツを無理強いしたりするような親にならないように常に努めていた。彼らのスポーツへの愛を育むこと、努力の大切さを伝えること、持って生まれた才能を最大限生かせるようになること、そして何があっても愛と優しさを持って包んであげること。これらが親としての私たち2人のテーマだった。

息子がオールブラックスになったことは、両親としてこの上なく誇らしい瞬間だった。その瞬間、そしてその日は、家族みんなが決して忘れることのない思い出になった。

ロビン・バレット

第5章

ラグビーのスキルの基本

ラグビーのスキルの基本とは何だろう？　スキルの基本を習得することによって、試合でのパフォーマンスが上がり、練習でも一つ高いレベルのトレーニングができる可能性がある。ラグビーのスキルの基本について解説する。

父が教えてくれたスキルの基本となる3つの要素

全ては基本が大事だ。僕にとって基本とは、父が農園ラグビーで僕らに叩き込んでくれたものだ。そのエッセンスは主に、次の3つの要素に集約されると考えている。

・ボールは両手で持つ
・キックは両足で蹴る
・パスは左右両方で投げられるようにする

父は、手も足も左右どちらも使えるようになることが最も大切だと教えてくれた。

父の言葉を借りると、

「片手でボールを持っていたら、ディフェンダーはランしかないと分かってしまう。だけど、ボールを両手で持った途端、ディフェンスはランなのか、それともパスかキックなのか迷うだろう」

父は、僕ら兄弟が小学生の間はそれぞれのチームでコーチとして基本を教え込み、オールブラックスの試合のあとには、試合を見て気づいた点があったかどうか、僕らと話す時間を作ってくれた。パスでもタックルでも僕らの相手をしながら、楽しく練習できることを第一にスキルを教えてくれた。

前述の3つの基本はシンプルだ。ただし、両足でキックすることも、パスを両サイドに正確に投げることも、言葉としては簡単だが、利き手や利き足じゃない方を使ったプレーはぎこちなく感じるから、習得するにはしっかりと時間をかけなければいけない。基本ではあるが、時間を掛けて習得するスキルであることを知ってほしい。

もちろんどんなスキルでも同じように、試行錯誤を重ね、挑戦と失敗を繰り返して長い時間をかけて習得していくものだ。そんな感じで、苦労の末に習得できたときは、本当に最高の気分となる。

この本を読んでくれているみんなが、いろいろなスポーツを楽しんでいるといいと思う。他のスポーツでの経験がラグビーにも生かされるということがあるからだ。

例えば、クリケットはチームスポーツだが、必要なそれぞれのスキルは個人で完結するものがほとんどだ。僕はラグビーを一人で練習するときには、このイメージを持っている。パスやキックはもちろん、持久力や瞬発力も、個人でレベルを上げた分だけチームが勝利に近づくということがある。

そして、上のレベルに行く道は一つだけだ。練習しかない。

僕が子供だったころはずっと外にいて、いろいろなスポーツ、いろいろなゲームを競い合って遊んでいた。今は少し変わって、「少しずつを継続する」ことを意識して、短い時間のスキル練習に日々取り組んでいる。日常的に、継続して練習することがスキル習得の一番いい方法だと気づいた。

一回が短くても、継続していって、コツをつかんだと感じたら、そこからは少し時間を伸ばして、脳と筋肉にとって自然な動きとなるように定着させていく。

試合は自分の力を超えたところで動く。自分の力ではどうしようもないことが起きる。

だから、試合を完全にコントロールするスキルを身につけることなどできる話ではない。天気や相手の力はもちろん、観客に関することや、もしかしたら、お母さんのスタンドからの声援が大きすぎて恥ずかしいということもあるかもしれない。

自分の力が及ばないところにあるものは、どうすることもできない。しかし、自分の力で変えられることがある。それが練習だ。試合の日までに、自分がレベルアップするために、どれだけの練習を重ねられるかが重要だ。

これまでもこれからも、いろいろなコーチに出会うと思うし、コーチはそれぞれ異なった教え方やアイデアを持っているかもしれない。コーチによって違うことを言っているような気がすることもあるだろう。

けれども、ラグビーのスキルの基本や原則は変わることはないから、彼らの教えをしっかりと聞いて、疑問があれば全部質問することが大切だ。

もう一つ覚えておいてほしいことがある。試合の日に緊張すること。これは決して悪いことではない。緊張はむしろ良いものだと僕は思っている。対戦相手を軽視せず、しっかりと彼らに尊敬を持って試合に挑もうとしている証拠でもあるからだ。

ウオーミングアップ～練習の効率を上げること

準備体操は忘れずにしなければいけない。時間は5分から10分でもいい。ウオームアップは、けがの予防だけでなく、体の回転や柔軟性も上げてくれるから、練習の効率も上がっていく。

ここにシンプルなウオームアップのメニューを記しておく。

・ジョギングにサイドステップを交えて100メートル走ったら、ゴールポストを支えに片足ずつスイングしよう。これで脚がほぐれる。

・レッグランジ（両足を前後に大きく開き、体を真下に下げる）をしながら上半身をツイストする。ここでお尻やふくらはぎにも血が回り始めて、下半身が温まるのを感じるはずだ。

・仰向けになって、膝を体に近づけよう。腰のあたりの緊張がほぐれていく。

・10メートルのシャトルランを少し。そこから、踵をお尻に当てるように走ったり、もも上げを交えたりして、筋肉に本格的に刺激を入れていこう。

・ディフェンスを抜き去るイメージも交えながら、20メートルのスプリントに入っていこう。

・ここまでの動きで、短いキックを蹴る用意まではできたはずだ。ここからキックを続けるか、他の練習に入るか、どちらかにしよう。

・コンタクトの練習に入るなら、もっと体を準備する必要がある。腕立て伏せや、パートナーと組み合って左右交互に肩を当て合うパメリング、膝立ちでのレスリングも良い準備になる。

ウオーミングアップは、効率の良い練習、そして、安全なトレーニングを行うためにも欠かすことはできない。

また、最も大切なことがある。ラグビーは試合も練習も楽しくあるべきだから、笑顔を忘れないことが大事になる。

タックル～安全を確保すること

最初に、絶対に忘れてはいけないものがある。マウスピースを必ず着けること。普段の練習でも必ず着けているとは思うが、特にタックルを練習するときは絶対に忘れてはいけない。安全を確保することは何より大切だ。

そして、正しいタックルテクニックを習得しよう。正しいタックルテクニックは安全にも通ずる。自分自身はもちろん、相手選手の安全も確保しないといけない。ボールキャリアーの突破を止め、チームがボールを奪い返すためにも、決して避けては通れない。体が小さくても、正しいテクニックと判断があれば名タックラーとして活躍することも決して夢ではない。

タックルは、フロントタックル、サイドタックルと、大きく分けて2種類ある。

＜タックル＞

正面からのタックルの際は、
向かってくる相手の腰に
目線を定める

注意

タックルは安全が最優先。相手の腰に目線を合わせていれば、頭はけがをしづらい位置に自然とある

コンタクトへ向けての足さばきは、つま先に体重を乗せて強い姿勢をつくり、ボールキャリアが仕掛けてくる攻撃に対し、素早く反応しなければならない。右肩でのタックルの場合、相手が持っているボールの下に肩を入れるイメージで、相手との接触の直前に少し膝を曲げて沈み込み肩と同じ側の右足を前に出す。逆の場合も同じ。ここでも目線は相手の腰でキープする

うまくできるコツ

良いタックルをするためには、常に目を開けて足を動かし続け、ベストなポジションに入ること。相手の足は絶対に見ない。相手が、ステップがうまい選手の場合など、足の動きでだまされてしまう可能性がある

タックルに入る瞬間、頭はしっかりと外（倒した時に上になる）側で、
相手の体の横を自分の腕で奥に向かってパンチするようなイメージ。
その後相手の体に腕を巻きつけてしっかりと締めつける

タックルに入ったら、脚を止めずにドライブし続ける（動かし続ける）。相手を倒すためにはこのレッグドライブが欠かせない

相手を倒し切って、相手の上に乗っかることができればベスト。相手の上にいることで、ロールアウェイや、次のプレーへ、より素早く動ける

タッチラインをうまく使って、相手の走るコースを限定する。相手をサイドに追い込む際も、目線は相手の腰に定めることを忘れないようにする

タックルに入るときは相手に体を近づけて低くなる。相手のお尻に自分の耳をつけるイメージ

ここでもう一度、相手の脚に自分の腕をしっかりと巻きつける。こうすることで素早く起き上がって、ボールに働きかけやすい姿勢でタックルを終えることができる

キャッチ&パス

ラグビーの基本スキル全ての中で、最も大切なのがキャッチとパスだ。

この2つは正しい癖さえつけられれば、意識せずとも自然とうまくなっていく。現代のラグビーでは1番から23番までの全員がパスを投げる必要がある。大きなFWの選手であっても、ディフェンスを迷わせてチームメートが突破するギャップを作るため、ショートパスを投げられないといけない。

全てのパスをスクリューパスで投げる必要はない。特に短い距離では、いわゆる平(ひら)パスの方がキャッチしやすい。スクリューパスは最も速くボールを展開できるから、BKとしてプレーする場合や、自分の外側に広いスペースがあるときに積極的に使う。

<キャッチ>

パスを投げる前には必ずボールをキャッチしないといけない。両手を早めにしっかりと上げて、体より少し離れた位置でキャッチできるようにする。胸でとってしまうと、跳ね返ってしまったり、次のパスに移るまでに時間がかかってしまう。腕も指も少しだけ曲げて、ボールの勢いを吸収するイメージでキャッチする。そして、早くキャッチすればするほど、次のプレーの判断までの時間が稼げることも覚えておこう

＜パス＞

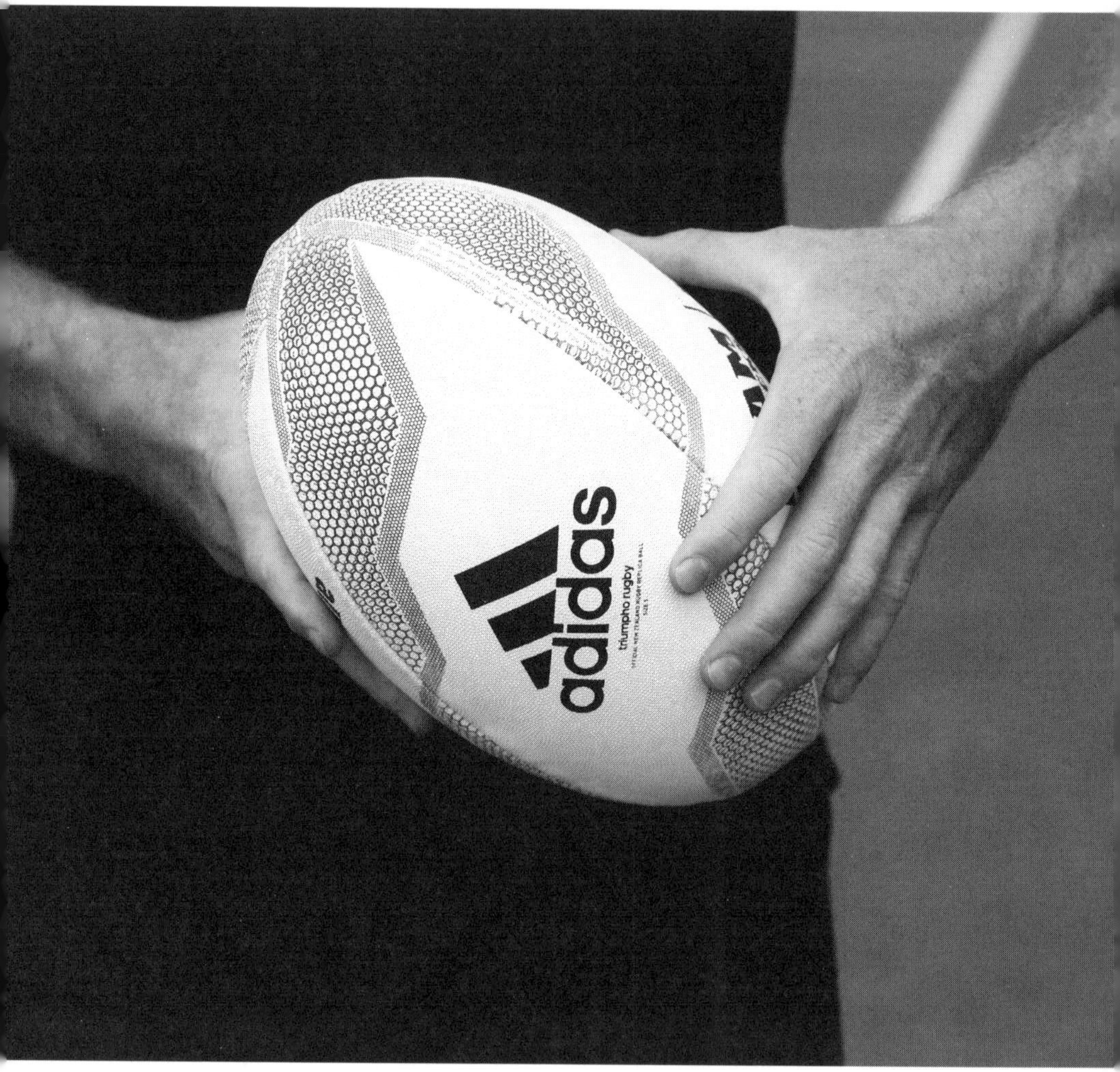

手のポジション：全ての指と、手首を使ってボールに回転を与える。上側の手を体に向けてひねりながら伸ばしていくことで回転の大部分が生まれる

しっかりとボールを持って回転をかける準備ができたら、上半身をひねるのと同時に、両腕でパンチするようなイメージで、体の前を素早く横切らせる。パンチする腕はパスを投げる相手の方に伸ばしていくことで、上半身と上腕三頭筋の力を最大限ボールに伝えることができる

ボールは最後に手が向かっている方に飛んでいく。手と指がパスを投げる相手の方を指すようにフォロースルーを意識しよう

うまくできるコツ

必ず左右両方の練習をする。一人でもできるスクリューパスの練習方法の一つとして、空に向かって真上に投げてみてもいい。そうすることでボールの動きに慣れることができる。動きに慣れたら、家族でも友達でも、誰かと投げ合ったり、壁に向かって放ってもいい。初めは難しく感じたり、不自然な動きに思えるかもしれないが、反復練習で慣れていこう

応用練習

真っ直ぐ走りながら、キャッチからパスまでを行うことで一連の動きを習得する。これを続けると段々と視野が広がり、ランの選択肢も持てるようになる

ハイボールキャッチ

ハイボールはキャッチするのが最も難しいボールの種類の一つだ。うまく取れたときには最高に格好良く見え、観客も立ち上がって声援をくれる。そしてこのキャッチは練習も楽しみながら続けやすい。風やボールの高さや軌道など、さまざまな要素の影響を考えると同時に、自分に向かってくる相手についても考えなければいけない。「ボールから目を離さない」のはどんなプレーでも大切。特にハイボールのときは、相手を見ないようにするためにも、これが大切になってくる。

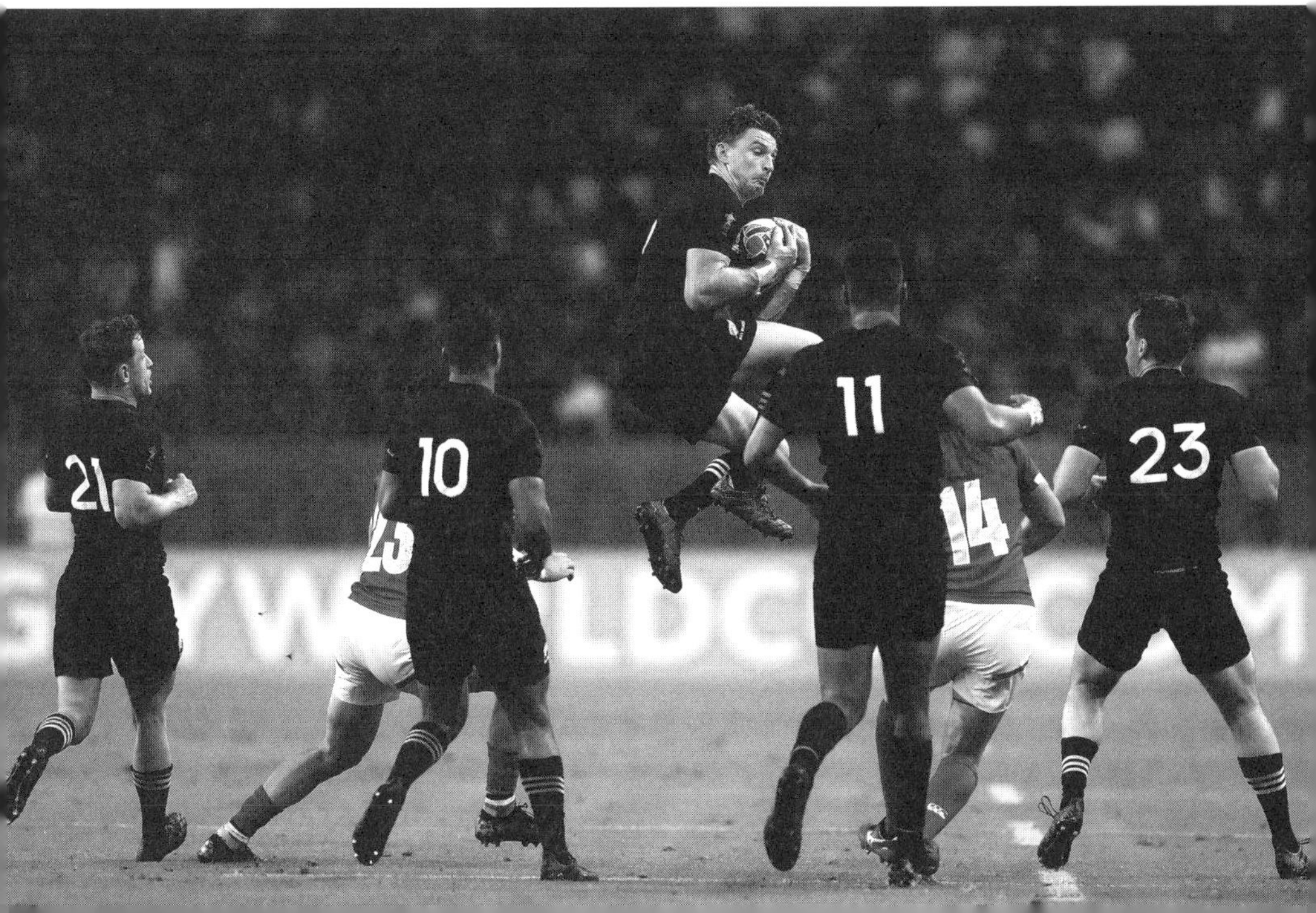

＜ハイボールキャッチ＞

まずはボールの落下地点の方へ走る。このとき、一直線に走り込むよりも、少し角度をつけてカーブを描くようにするとより良い。落下地点に近づいたら、そこからもう一段加速するのか、細かいステップで距離を調整するのかを見極めよう

ボールが頂点から落ちている間も動き続ける。「前」と「上」にジャンプしてキャッチしたいから、先に落下地点に入って止まって待つことは避ける。その場で止まってキャッチしてしまうと、向かってくるディフェンスの格好の餌食になってしまう可能性が高まる

上空でキャッチして地面に戻る際は、しっかりとボールを持って強い姿勢をつくる（下左写真）。体をコンパクトに保つ意識を持つと、空中での相手との競り合いや着地後のタックルに備えられる（下右写真）。ここでも体を少し横に向けることを忘れない。正面を向いているとボールを弾いたときにノックオンになってしまうし、タックルにも入られやすくなってしまう

ジャンプのときは膝を高く蹴り上げるイメージで、脇を締めて、相手に対して体を少しだけ横に向ける。キャッチの瞬間は胸の面も使ってボールを収める

注意

肘が開いているとボールが間をすり抜けてしまうことがあるから、脇を締めることで、より確実なキャッチを目指す

キック

キックにはいろいろなスタイルがあり、チームの戦術にも応じて種類が変わる。僕の父が口を酸っぱくして言っていたように、両足で蹴れることは本当に重要。両足で蹴ることができると、チームの戦術に広がりが出て、個人で局面を打開したいときにも大きな武器になる。

■ドロップパント

試合中最も多く使われるキック。タッチに蹴り出すときや、長く飛ばして相手を背走させて陣地を獲得するときに使うことが多い。まずは、タッチラインと5メートルラインの間から出ないように、15～20メートルの短い距離で感覚をつかもう。

＜ドロップパント＞

1

ボールは両手で持つ。ボールは地面に対して垂直に、斜めにならないようにホールドする

2 ＜ドロップパント＞

小さな歩幅で、体のバランスを保ちながら真っすぐジョギングするイメージで、ボールリリースに向かう

3

ボールは、前に立たせたまま、蹴り足と同じ側の腰のあたりで離す。蹴り足と同じ側の手を添えるイメージ

＜ドロップパント＞

インパクトの瞬間は、足を固めて、スパイクの靴ひもの部分がボールのお尻（下部）に当たるように狙う

ボールが足を離れた後も、蹴り足を前に出してターゲットへ向けてそのまま数歩ジョギングするイメージを持つ。これによって体重とパワーの全てを飛んで行くボールに乗せることができる

前かがみにならずに、上体をしっかり起こすことで、足を動かしても体の軸がぶれないようにキープできる

うまくできるコツ

距離を伸ばしたいときは、キックの基本は同じままで、キックに入る角度を45度くらいつける。そうすることで、脚をより後ろに引くことができる。高く蹴りたいときは、これも基本は同じままで、上半身を少しだけ後ろに反り、蹴り足のフォロースルーを「前」ではなく「上」に持っていけるようにしてみるといい

応用練習

インパクトとボールの軌道がしっかりとしてきたら、同じルーティンのまま、蹴り足での着地にトライする。そうすることで、ウイングへのクロスフィールドキックパスに使える低い弾道のキックを蹴ることができる。上体を後ろに反らずに真っすぐの姿勢をキープすれば低く速いキックが蹴れる

■ドロップキック

ドロップキックを使うシチュエーションは、ドロップゴールとリスタートの2つ。どちらの場合も蹴り方の基本は変わらない。唯一変わるのは、リスタートのドロップキックは、状況がある程度は一定であるのに対し、ドロップゴールを狙うときは、ゴールからの距離、どんなパスが来るか、ディフェンスのチャージ、ゲームの展開など多くの要素が絡み合ってくる。プレッシャーのかかるキックになるかもしれないが、裏を返せばチームの勝利を手繰り寄せるキックにできるかもしれない。

＜ドロップキック＞

1

ドロップパントで遠くに飛ばすときと同じように、45度の角度をつくって細かい歩幅でアプローチしよう

＜ドロップキック＞

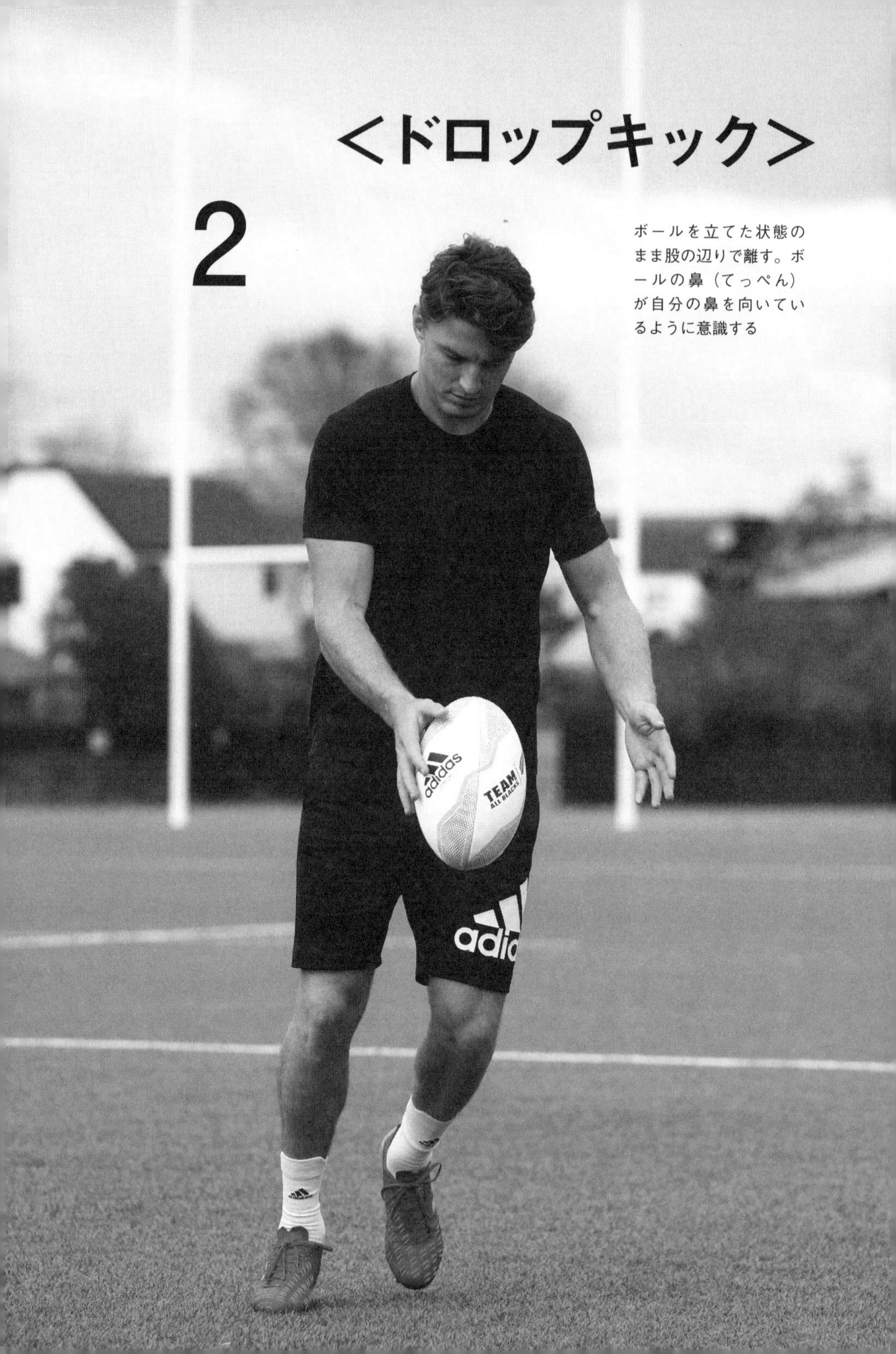

2

ボールを立てた状態のまま股の辺りで離す。ボールの鼻（てっぺん）が自分の鼻を向いているように意識する

3

＜ドロップキック＞

ボールがぶれないようコントロールする。バウンドしてから時間がたてばたつほどボールの角度や位置は変わってしまう。ボールが着地する直後にできるだけ素早くすくいあげるようなイメージで蹴る（写真左上、左下）。足とボールのインパクトのタイミングが早いほど、ボールは低く、遠くに飛びやすくなる。ここでも他のキックと同様に、蹴った足をそのまま前に出して、ターゲットへ向けて数歩ジョギングする。これによって体重とパワーの全てをボールに乗せることができる

蹴り足でしっかりとフォロースルーを取って着地する。着地後もバランスを崩さず、体が正面を向けているか確認。へそと胸がターゲットに真っすぐ向いていればＯＫ

うまくできるコツ

リスタートのドロップキックのときは上体を少し反って、ボールがバウンドしてから蹴るまでの時間を、遠くに飛ばすときと比べて少しだけ長く取ってみる。蹴り足が「前」ではなく「上」に伸びていくイメージを感じるはず

応用練習

ゴールからの距離や角度を変えた位置からのドロップゴールに挑戦する。友達や家族に、少しずらしたパスを投げてもらって、ボールに合わせて動いてからキャッチ、そしてキックに入る練習で試合に近いシチュエーションをつくってみても良い

■ゴールキック

ゴールキックの練習はいつだって楽しい。練習の成果がはっきりと目に見えることがその理由の一つ。試合になっても練習での楽しみが緊張に勝ってくれると良い結果がついてくる。試合でゴールキックを蹴るときは、練習と全く同じルーティンで、外には見せず心の中で笑顔をつくってからキックに臨む。ダミアン・マッケンジーはキックのとき、実際にニコっと笑っているけどね。

ゴールキックの蹴り方はたくさんあって、正解は一つではない。キックティーの高さやボールの置き方は好みでいい。他にも助走の歩数や呼吸、表情、指の動きなども自由にしていい。僕も昔は高めのキックティーを使っていたけど、今は低いキックティーの方が好み。大切なことは、いま何が一番自分に合っているのかということで、そのために変化を加えるのは良いことだ。

本当に正解はないから、最もしっくりくる蹴り方を見つけることが大事。どんなルーティンであってもシンプルで、そしてぶれないものを確立すること。

＜ゴールキック＞

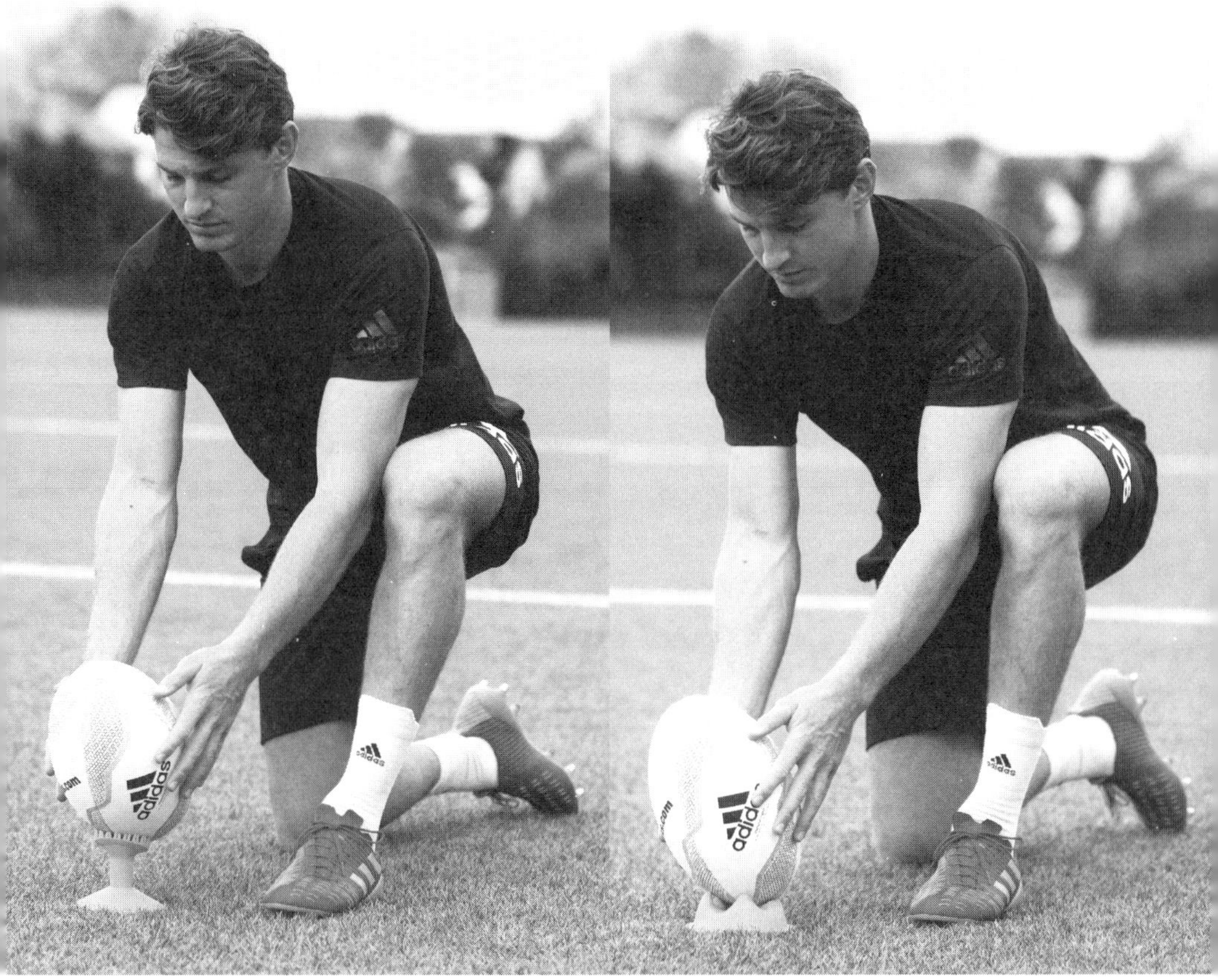

ティーにボールをセットする（左が高い、右が低いティー）
ボールの縫い目をしっかりセットする

＜ゴールキック＞

1

決めた数の助走をとり（僕は5歩）、深呼吸して集中力を高める。ここでは落ち着いて、リラックスできていると良い。試合で耳に入る雑音を完全に断ち切るのは難しいかもしれないから、キック練習でチームメートに騒いでもらって訓練してもいい。ここまでのプロセスは毎回同じにしなければならない

2

3

4

ボールを見て、上半身はしっかりと起こしたまま体をコントロールする。猫背にならないように気をつけよう。最も重要になる最後の２歩に入る前は、軽く、そしてバランスのとれた感覚を持てるようにする

5

軸足（蹴らない方の足）はティーの横に、つま先がゴールの方を向くように着地させる。バランスを保ったまま蹴り足を振るスペースも必要なので、軸足がティーに近づきすぎることのないように注意

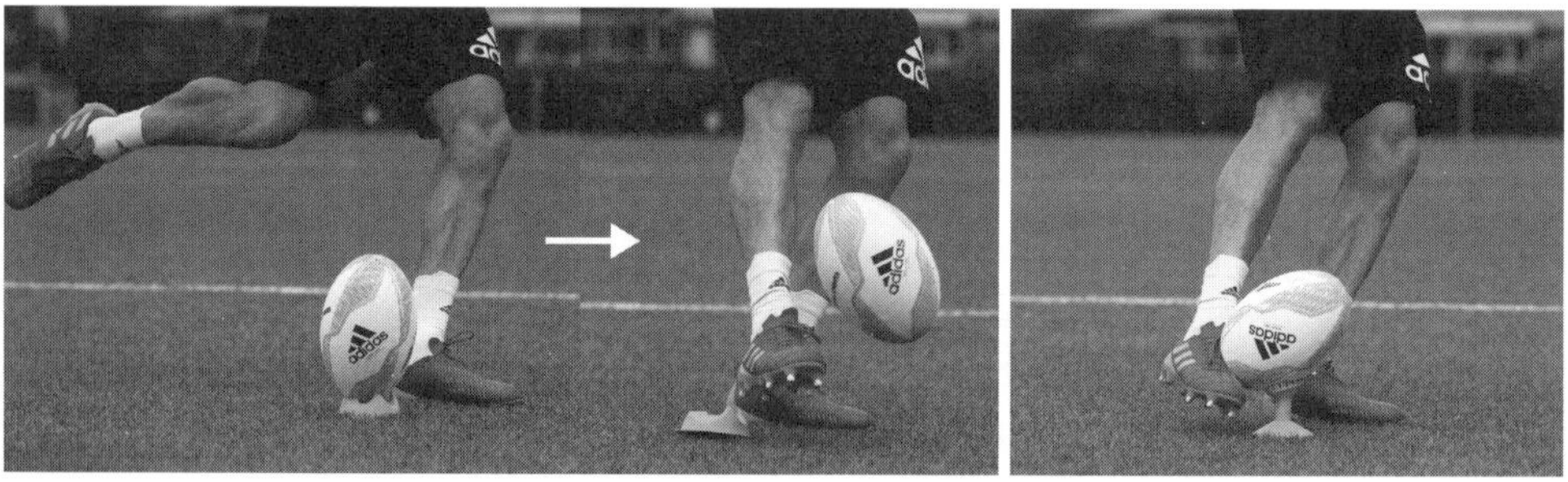

ボールとのインパクトのときは、足首と足はしっかりと固める（写真左）
低いティーを使う場合は、ボールの下１／３を蹴るイメージで（写真中央）
高いティーを使う場合は、ボールのお尻の部分を点で捉えるイメージで（写真右）

6

蹴り足と体は、目標に向けてフォロースルーする

うまくできるコツ

キックの練習は、トレーニングのいろいろな時間帯を使ってトライしよう。FWがモールで押し切ってくれたトライの後のコンバージョンと、自分で80メートルを走り切って決めるトライの後のコンバージョンは、息の上がり方が全然違う。試合の終盤だと脚が疲れていることもあるかもしれない。体力があるときに練習することで上達するのはもちろん、疲れた状況で正確に蹴れることも同じくらい試合に生きる。どんなシチュエーションでも同じルーティンができるように集中しよう

応用練習

蹴り方のテクニックは体の成長や変化に合わせて変えていくことが必要な場合もある。そのときの自分に最善の蹴り方を見つけよう

第6章

プロフェッショナルとは

小柄で、パワーもスピードも飛び抜けたものを持っていなかった昔の僕は、自分が高いレベルで活躍できるなんて思ってもいなかった。プロラグビー選手としてなんとかやっていけるかどうかというレベルの体格だった。そんな僕だったが、体が大きくても小さくても、どこかに活躍の場があるラグビーというスポーツの持つ最も美しい側面に助けられた。時間はかかるが、「サイズが足りない」という周りからの見られ方も変えることができる。ラグビーは、そう教えてくれた。

少年期、衝撃的なベン・ラムとの思い出

細い脚と大きな耳でラビットと呼ばれていたころの僕は、あらゆるところを走り回っていた。プンガレフ小学校の先生たちは、僕のあり余るエネルギーをどうにか使い切らせようと、学校の周りを走りに連れていっていた。そして母は、学校から家まで、ロウアー・パリハカ・ロードの4キロほどを走って、スクールバスより早く着けるかどうか

僕らに目標を設定してくれた。これらのランニングのとき、僕らはいつも裸足だった。アイルランドにいたときをのぞいて、高校に上がるまで、靴を履いたことはほとんどなかったのではないだろうか？

僕ら兄弟姉妹は、陸上競技にものめり込んだ。僕は、12歳のころだったと思うが、7歳から14歳までが対象のコルゲート・ゲームズ（オークランドで40年以上続いている）という陸上競技の大会に参加した。僕は走る種目と跳躍系の種目のほとんどに参加した。

最も衝撃的だった思い出が一つある。２００メートル走のスタート位置について横を見ると、子供の僕からすれば巨人のような大男がいた。そのときは、どう考えても大人の体格だったので審判か誰かだと思った。が、スタートの笛が鳴り、審判ではないようだと分かる。僕らと同じ、少年だった。スタートダッシュ、速い、速すぎる。どんどん置いていかれた。その少年の名前はベン・ラムだった（のちにハリケーンズでチームメートになる、ＷＴＢ）。そのとき、子供ながらに、持って生まれた才能というものがあるということを知った。

大会の残りでもベン・ラムが、短距離系の種目を圧倒的な差で次々と制していくのを見て、僕は中距離に専念しようと心に決めた。その甲斐もあって、3000メートルから5000メートルの種目では僕も良い成績を残すことができた。ベンはこの大会が終わってからも、スプリンターとして全国レベルでも活躍していた。

もっと食べて大きくなる必要を感じた

大会には出たが、平らなトラックを周るだけでは退屈だった。裸足で、電気フェンスを飛び越えながら農園の周りの丘を走り回る。僕にはこれがぴったりだった。日常のいろいろな場面でのランニングと、多様なスポーツを楽しむ日々が僕にもたらしてくれたのは、何よりも持久力だった。持久力には自信があったから、苦手分野として取り組むことはなかったが、満足することなく、もっと長く、速く走れるようになりたいと常に願って努力してきた。

タラナキの年代別の代表や、高校のファーストXVで出場する経験を積む中で、毎試合必ず、疲れを自覚する時間帯があることに気が付いた。そのタイミングがフィールドにいる他の選手よりも遅くなればなるほど、試合の終盤で優位に立てると考えた。18歳になってウエートトレーニングを始めるまでは、自分にはスピードがないと感じていた。相手を圧倒できるような体格を持ち合わせていなかったことも背景にあり、自分より大きい、あるいは速い選手と戦うための武器として、持久力を伸ばそうと本格的に決意した。

特に兄弟のケーンやスコットと比較して、僕の体が小さかった理由の一つに、彼らが健康的にたくさん食べる習慣があったのに対して、僕は「甘党」でお菓子が大好きだったことが挙げられるかもしれない（実は今も…、こればかりはどうしようもない！）。小学校時代も、彼らは学校から家に着くと、まずは冷蔵庫を開けて何か食べて、それから遊びに行っていた。対する僕は、玄関の扉を開けてカバンを放り投げると、家に入ることなく次の瞬間には外を走り回っている。そんな日々だった。

ファーストXVに初めて入った11年生、15歳のときに、最上級生の13年生との体格の差を突きつけられ、ここで戦うにはもっと食べて大きくなる必要があるとはっきり感じた。寮では牛乳をたくさん飲んで、おやつや夜食にトーストを口に詰め込む日々が始まった。

フィジカルの強化は日々の小さな努力の積み重ね

ハリケーンズに加入してすぐに、トレーナーのデイビッド・グレイ氏が感じたように、僕のフィジカルは良く言えば伸び代だらけ、簡単に言ってしまえば「まだまだ」だった。

プロとしてのキャリアの序盤は、僕の圧倒的料理スキルの欠如が、ただでさえ終わりの見えない増量のゴールをさらに遠のけていた。母が料理上手だったことと、平日は寮生活だった事もあって、ウェリントンに引っ越すまで料理の必要に迫られたことはなかった。ウェリントンで初めてキッチンに立ってみて、自分が何もできないことを思い知らされたのだ。ウェリントンのにぎやかなコートニープレースからすぐのトリー通りの家で、タイソン・キーツ、ジェームス・ブロードハーストと暮らしていた1年目も、僕が料理担当の日は決まってみんなで外食だった。ジェイソン・イートンの家に、ジェームス、リチャード・バックマン、ベン・メイと移り住んでからも僕の料理のスキルには何ら変化の兆しは見られなかった。どんなにきつい練習よりも、料理担当の日が何よりの苦痛だった。顔をしかめながら、必死で〝得意料理〟のローストチキンかチキンブリトーと格闘していた。妻、ハンナに出会って料理を教えてもらうまではそんな日々が続いた。

デイビーやハリケーンズの栄養士たちが求めているレベルの体重にたどり着くまでは、日々が苦行のようだった。常に口に食べ物が入っているような毎日。楽しそうに聞こえるかもしれないけど全然そんなことはない。練習の合間の昼ごはんも栄養士に指定される分を頑張って詰め込んで、膨れ上がったお腹で、吐いてしまいそうな状態を我慢して午後の練習に向かっていた。

もともと空腹のまま運動することを好んでいた僕だったが、おいしいディナーをたらふく食べて、別腹にデザートもしっかりと収めるような、立っていられないくらいの満腹感をイメージしてほしい。まさにそんな状態でハードな練習に向かっていた。

そんな食生活にも少しずつ慣れ、たとえば一食でたくさん詰め込もうとするよりも、スムージーと軽食などを小分けにして食べたり、より自分に合った、苦しくない方法にも気づいていったりした。そうは言っても、お腹の中で食べ物がぐるぐるしている状態はやはり気持ちのいいものではなかった。

僕はジムも嫌いだった。嫌いだったと、はっきりと言いたい！

デイビー・グレイトレーナーは僕がジムを嫌っていたことも知っていたからこそ、「どうしてやろうか」と楽しんでいた面もあったみたいだ。だが、嫌っているままではやはり成長の度合いに限界があるから、どうにかポジティブな感情に転換するすべを真剣に模索してもいた。

例えば、お気に入りの音楽を大音量で流すのも気分を盛り上げるのに役に立った。他にもデイビーは、僕が苦手とするプログラムを何度も繰り返さずに済むように、より抵抗が少ないアプローチを試してくれたことも大きな助けになった。普段のシーズン中だと、土曜日に試合があったとしたら、平均して週に2回か3回のウエートトレーニングをするのが一般的だが、当時の僕は試合の有無にかかわらず、週5回ジムに足を運んでいた。毎日筋肉痛で、ベッドから起き上がるのも一苦労だった。増量をしっかりと意識し始めてからは、週末に飲みに出かけることも控えるようになった。お酒を飲むと何が困るかというと、その結果が次の日に表れることだ。二日酔いになってご飯を食べられないとすぐに体重が落ちてしまうのだ。

激しいウエート、食事、トレーニングの日々に終わりが見えず、嫌になりそうな瞬間もあったが、今から思い返すと、この時期がなければ、スーパーラグビーより上のレベルで活躍することはかなっていなかっただろう。周りのサポートにただただ感謝するのみだ。

体が大きくなったことで、相手のディフェンスラインに仕掛けて毎回はじき返される、ということもなくなり、大きな自信がついた。小さくても爆発的なパワーを秘めるダミアン・マッケンジーのようなフィジカルは無かったから、肩や胸のまわりにしっかりと目に見える筋肉をつけることで、自分に自信が持てるようになった。

今でもディフェンスに飛ばされることはあるが、高校卒業時の78キロと、3年後テストデビュー時の88キロと、今の93キロは全然違う。フィジカル強化は、すぐに結果は出ないので、辛抱強く日進月歩で、そして正しいアドバイスのもとで進めることが大切だ。

ノートを使う大切さ、ラグビーを含めた人生を無駄にしないために

食事に気をつけること、トレーナーが側で叫びながらお尻を叩いてくれないときにも自分自身で追い込むことなどは、アスリートとしては大切な側面。そして「復習」もその一つ。

ラグビーチームでは、全体のミーティング以外にも、戦術ミーティングや、インサイドBK（SO／CTB）、バックロウ（FL／NO8）、フロントロウ（PR／HO）などのポジショングループごとに分かれるミニ・ユニットミーティングなどでも、本当に多くの情報が行き交う。

タラナキのトップチームに加入してから、毎シーズン必ずノートを用意して、自分で言うのも何だけれど、すごく丁寧にメモをとるようにしてきた。毎週、週の初めに自分個人、そしてチームのアタックのアイデアを書き込み、他にも、多様な側面に目を向け

るためにコーチから与えられる課題も書き込み、そこから対戦相手に応じた戦術を練っていく。僕の場合、メモの多くがアタックに関するテーマで、そこに対戦相手のディフェンスの特徴やシステムなどもまとめて記録している。

チームによって、サインプレーやスキルの名前は違うから、2011年のようにハリケーンズ、20歳以下代表、タラナキと複数のチームでプレーしたときは大変だった。チームの数だけ覚えることが増えて、その分ノートの数も増えていく。

コーチから、特定のアタックのシナリオで使えそうなプレーがあるか意見を求められたときには、過去のノートを見てヒントを探すこともできる。

例えば、競技のトレンドなどは日々進化しているが、「クラシック」なサインプレーが思わぬところでトライにつながることもある。

僕がスーパーラグビーで駆け出しのころ、コーチだったアラマ・イエレミア氏が現役のころに使っていた「ケーンズ97」というサインを15年ぶりに使ってみたら、見事チーフス相手にトライできた。SO（スタンドオフ）というポジションは考えることも覚えることもたくさんあるから、週の後半、試合に近づくにつれて、ラグビーフィールドの絵に、各エリアで使う可能性のあるサインプレーを配置したようなものを作って、シンプルなイメージで試合に臨めるようにしていた。

学校の勉強は僕の得意分野ではなかったが、ノートを取る力や、文章で表現する力は、どんなキャリアを歩むにしても大切になることが分かった。これらの能力はラグビー選手として成長する上でも、僕を大いに助けてくれた。

ラグビーを含めた「人生」の一日一日を無駄にしないためにもノートを使っている。理想の一週間の過ごし方や、小さな目標とそこに向けた過程のレビュー。何がうまくいっているか、何がうまくいっていないか。オフの時間の過ごし方でリフレッシュできているか、何か変えるべきことがあるか。そんなことを書き込んでいる。このノートたちは僕にとって図書館のような存在で、ふとしたときに見返すと、時間がたっているからこそ分かる発見もあったりする。

新しいチームに加わるたびに、チームメートやコーチと新たに関係を築く必要がある。特に、僕の場合は元々シャイだったから、自分の殻を破ってチームメートに話しかけることが最初のステップだった。そのあとは、コーチと練った戦術をチームメートにプレゼンするために、まずは自分の中で内容をクリアにしておくことが大切になってくる。そこでノートが役に立つ。

オールブラックスでの初日、リッチーとのランチではほとんど話せなかった僕だったが、そう長くたたないうちに、彼を含めたチーム全体にゲームプランをプレゼンする立場に回ることになった。

このプレゼンはタラナキやハリケーンズでも長く親しんだ役割だったが、ずっと憧れていたニュージーランド最高の選手たちを前にすると、同じこととは思えないほど緊張した。もちろんみんなも僕の役割を理解しているから耳を傾けてはくれるが、僕はそれに甘えることなく、自分の話す内容にしっかりと自信を持っていなければいけなかった。彼らの目に少しでも自信が無さそうに映ると、試合のゲームメーカーとしての僕を、みんなが完全には信頼できなくなってしまうのだ。

リザーブ、メンバー外でもチームにいかに貢献できるか学ぶことも大切

プレゼンに向けての準備では、イアン・フォスター氏（愛称はフォジー、当時代表アシスタントコーチ）と多くの時間を共にした。FWはみんな面白くて楽しい選手ばかりだが、一堂に会して僕が何を話すか見つめるときは、そんな風には思えなかった。フォジーは僕ならいずれどうにかしてうまくプレゼンできるようになると思ってくれていたみたいだが…。それでも、プレゼンする内容を一つの物語として売り込み、FWの選手たちを乗り気にさせることの大切さは何度も強調された。どんなゲームプランもまずはフォジーがスティーブ・ハンセンヘッドコーチ（当時）に説明して、彼が納得したら、多くは週の初め、月曜日にSOの選手とフォジーが一通りフィールドで確認する。そこからさらにシンプルにできる部分は改善して、チームへのプレゼンへと移る。プレゼン自体は毎週あるが、毎週同じようなアプローチでは皆が飽きてしまうこともあるから、

創造力を駆使して図表やイラストを交えた資料を作るのだ。内容を落とし込むための重要度の比重は、戦術のディテールとプレゼンの手法でほぼ50対50。フォジーはこの手法に長けていて、セールスマンになっても、営業で素晴らしい成績を残していたのではないだろうか。

スタンドオフというポジションは、責任が重く、それゆえ一人前になるまでに他のポジションより時間を要する側面もあるが、僕はこのポジションが大好きだ。もしかしたら僕は支配欲が強いタイプなのかもしれない。フィールドでのチームの意思決定は、誰かに任せるのではなく、自分でやりたいと思う。サインを決め、チームや試合を動かすことの責任感は、プレッシャーもあるが、とてもワクワクする。10番はすべてが頭に入っていなければ務まらない。サインプレーの動きと名前をはじめ、「メニュー」にある選択肢やシナリオを全て把握して、その中から、刻々と動くゲームの中の数秒間で判断を下していく。より直感的で、相手のプレーなどを含む状況に対するリアクションがメーンになるFB（フルバック）と比べて、SOの方が楽しく感じるのも、そんなプレッシャーがあるからかもしれない。FBとして後方からチームに参加する経験を積んだことで、ＳＯとしてプレーする際に、より俯瞰的な視点を持つことも可能になった。

器用であること、特に複数のポジションでプレーできることは、チームのためになる。一方で、すべてが中途半端になってしまい、一人の選手として成熟できないという側面があるのも確かだ。けれどスタメン以外の、例えば、ベンチに控えるリザーブや、メンバー外になったときにどのようにチームに貢献できるかを学ぶことは、ラグビー選手としてとても大切なことだ。僕自身、タラナキでもハリケーンズでもレギュラーに定着したのは2年目からだったし、そのときは想像すらしていなかったが、オールブラックスに選ばれてからも、デビュー戦はベンチからの出場だったし、その後の2シーズンも20試合ほどはベンチからの出場。経験を積むまではスタメンに定着できなかった。

ベンチの選手たちの役割は明確だ。試合にインパクトを与えて、スタートから出ている選手たちにもう一踏ん張りするためのエネルギーを注入すること。僕にとっては、どこにでも顔を出し、倒れてもすぐに起き上がり、できるだけたくさんボールに触ることが、その役割の中身だった。

ＦＷのリザーブの選手は気をつけないといけないときがある。特に練習ではあまり話

「良いリザーブの選手がベンチで待ち構えていることもチームの勝利には欠かせない」

さない選手だったりすると、途中から試合に出るとき、皆を勢いづけようとするあまりテンションが跳ね上がってしまう。他の選手から白い目で見られかねない。

メンバー選考についても触れておこう。メンバーに選ばれず、がっかりするのは悪いことじゃない。がっかりするのは、それだけ入りたいと真剣に願っていたことの裏返しでもあるからだ。みんなの前では気丈に振る舞っても、一人になったときに少しだけ顔が曇ることもあるかもしれない。家族に電話して、本当は入るはずだったと言ってみたり、少々あからさまに自分で自分を慰めたりすることもあるかもしれない。僕の場合、（最初の）アイルランドとのシリーズの初めの2試合でメンバーに選ばれなかったときは、同じポジションのダン（カーター）とアーロン（クルーデン）のためならなんでもしようという心構えでいた。ボールを放ったり、タックルバッグを持ったり、キックを蹴り返したり、助けになりそうなことなら、どんな形であれなんでもやった。何より、そうやってただ練習のサポートをするだけでも、世界最高峰の2人から本当に多くのことを学んでいる実感があったので、不満に思う暇なんてなかった。傷ついたとしても、受け止め、チームのためにベストを尽くすことはできる。選ばれなかった悔しさを原動力に、必ずやってくる自分が輝く瞬間のために練習を重ねるのみ、それがベストの対応だと思う。

adidas
AIG
ALL BLACKS

第7章

ゴールそして心構え

プロラグビー選手として契約を結んだ後、どのようにキャリアを歩んでいけばいいかを案内してくれるガイドブックは、この世には存在しない。もちろんどのチームにも、コーチ、マネジャー、栄養士、トレーナー、パーソナル・ディベロップメント・コーチ、ドクター、理学療法士とそれぞれの分野の専門家がフィールド外でのサポートを提供してくれる。けれど彼らは、学校の先生や部活のコーチと同じく、アドバイスや指導はしてくれても、最後の最後、フィールド上でどのような選手になりたいかを決めるのは自分自身。そして、フィールド外でどのような人間になりたいかを決めるのも自分しかいない。

プロアスリートとは何かを理解する

リッチー・マコウやキアラン・リード、ダン・カーター。これらの選手がオールブラックスで100キャップ以上を獲得できた理由はどこにあるのか。彼らは決して満足することがなかったのだと思う。世界には、契約書にサインした時点で、試合に出てすらいないのに、「やり切った」ように感じてしまう選手も多くいる。そんな選手と比較して、彼らは、試合が終わっても一週間後にはまた別の試合が控えているから、一晩の良いパフォーマンスがあろうと、次への不安やそこに向けた準備を忘れることなどできないのだ。

高校レベルで突出した選手が、プロの世界から高額のオファーを受けたときなどは特に注意が必要だ。金額と注目度合いで満足してしまって、実際に仕事に取り掛かるときには気持ちが切れてしまっていることがあるからだ。

プロスポーツの世界が、若い才能をまるでガムのように扱う光景は世界中で見られる。口に入れてすぐに吐き出してしまうのだ。僕も実際に吐き出されそうな時期はあった。が、その時期は、実に一瞬だった。ニュープリマスからウェリントンへ、国中を遠征で回ったかと思えば、代表活動で今度は世界中を旅し、19歳でタラナキ、21歳でオールブラックスデビューと、行く先々で新しいチーム、マネジメント、チームメートに出会った。まるでローラーコースターに乗っているかのようで、振り落とされないように必死だった。楽しかったけれど、目が回って自分がどこにいるか定かではない。そんな感覚だった。

ジェイソン・イートン、ジェームス・ブロードハースト、リチャード・バックマンと共に過ごしたウェリントンでの最初の数年は、最高に楽しい時間だった。プロのアスリートとは何たるかを学ぶ途上にあった僕らは、トレーニングと試合というスポーツの側と、若者として街で楽しむ側とのバランスを探りながら過ごしていた。「楽しみ」が過ぎる夜もあったから、大きなトラブルに巻き込まれなくてラッキーだったと思うくらいだ。

チームにはパーソナル・ディベロップメント・マネジャーのスティーブ・シモンズ氏がいた。週末にはしゃぎすぎた後には、大抵、彼との面談が待っていた。

2011年のあるときだった。ウェリントン・セブンズの会場の大きなスクリーンに泥酔した僕が映った。当時はまだ有名選手というわけでもなく、限られたラグビーファンにしか認知されていなかったが、プロ選手の立ち振る舞いとしてどうであったか、もしもスクリーンで醜態を晒したのが僕だと認知されたら…、と最悪のケースまで想像した。自分の手の負えないところで炎上してしまったり、メディアによって拡散されてしまったりする前に、自分から話すのがその場での最善だと考えた僕は、酔いが覚めるとスティーブ氏のもとへ行き、事の経緯を説明した。

2011年の暮れ、当時のハリケーンズのヘッドコーチ、マーク・ハメット氏に、スティーブ氏同席のもと呼び出された。内容は僕の飲酒についてだった。ハメットヘッドコーチは僕の飲酒の習慣に問題があり、その一つの原因となっているジェイソンの家からは引っ越すべきだと考えていた。僕自身は、確かに週末はお酒も飲みながら楽しんでいたけど、依存していたり、深刻な問題を抱えていたりするとは思ってもいなかったから少し驚いたが、彼の目には、僕が進むべき方向を向いていないように映っていたようだった。

間近で僕を見てくれている人に正直な意見やアドバイスをもらうのは、そのときまであまり経験がなかった。だから、しっかり聞いて、自分の行動に反映してみることにした。ミーティングから程なくして自分で家も買い、環境を変えた。

優先順位も生活のルーティンもしっかりと決め、お酒を飲みに出かけるときを見極めようと努めていた。デイビー・グレイ氏が作る週明けのウエートメニューに絞られて初めて、週末に飲み過ぎたな…、と反省を繰り返していた僕だったが、規律のある生活を心掛けてからは、体がとても軽く感じられるようになった。生活を改善できた理由は、自分の置かれている恵まれた環境とポテンシャルを無駄にしてはいけないと感じたことが一つ。そして、もう一つは大人になったことで、プロアスリートとは何たるかを理解していったことにあったと思う。

一人の人間として、選手とスタッフ以上の関係を築く

スティーブ氏は僕のキャリアにおいて、特に若くて右も左もわからなかったときに大きな助けになってくれた。今でも彼の教えは僕の中に生きていると感じることもある。彼との出会いは２００９年、ハリケーンズの下部組織の合宿だった。高校生の僕らに人生の次のフェーズ、それがラグビーなのか、大学進学なのか、起業なのか、会社勤めなのか、それぞれに対してアドバイスをくれたことがある。

２０１１年にハリケーンズのトップチームに加入したとき、久しぶりの再会を果たした僕らは、お互いに何か特別なものを感じた。若手と新加入の選手はフィールド外でのサポートとして、「ライフスキル」のコースを受講する。皆それぞれ全く異なったバックグラウンドを持っているから、いわゆる初級からそろってスタートした。

毎週2～3時間、スティーブ・シモンズ氏がトピックを決めるクラスの中でも、弁護士や会計士がレクチャーしてくれる、ファイナンシャル・プランニングの系統には興味があった。だが、メディア対応、スピーチスキルなどは、あまり面白いとは思えなかった。嫌いなテーマを把握し、それを座って聞くように強いてくるスティーブ氏ではあったが、信頼できる数少ない大人の一人だった。法的な問題や金銭的な不安、メディア対応や契約の交渉についても、なんでも相談に乗ってくれた。普段は温和だが、週末に飲みに出かけることについては、半ば強引に僕に話して聞かせるようなときもあった。

僕がグラウンドでどのようなパフォーマンスができているか、もちろん気にしてはいたが、彼が気にしていたのは、僕が一人の人間として地に足が着いているか、人生のバランスを採れているか、彼の最大の心配はそこだった。プロフェッショナルのラグビーというのは厳しい世界で、選手が自滅してしまうような落とし穴で溢れている。そんな世界だからこそスティーブ氏のように、メンバーに選ばれるか、契約が更新されるか否かに過度に左右されずに済むように、フィールド外での安定を助けてくれる存在は非常に大切なのだ。

どんな人間、どんな選手になりたいか、どんな将来が頭に浮かぶかなど、いろんなテーマで会話を重ねて、僕がそのときやるべきことに関してアドバイスをくれた。プロになりたてのころには、お金の運用、特に投資や積み立てなど、若い選手が何も知らないまま無駄遣いしてしまうケースが多い中、分かりやすく導いてくれた。僕らの関係は、ただの選手とスタッフ以上の、素晴らしい友と、お互いを呼べるものだったと思う。スティーブ氏は誰よりも温かくてフレンドリーで、僕個人のことを何よりも気にかけてくれる男だった。

ハリケーンズのパーソナル・デベロップメント・マネジャーのスティーブ・シモンズ氏。
「難しい時期を乗り越える手助けをしてくれた」

ラグビー選手としての社会的な責任を持つこと

プロのラグビー選手であることの社会的な責任に気づかせてくれたのもスティーブ氏だった。ウェリントンは多くの人が行き交う大都市だったから、若いころは街を歩いていても道行く人に気づかれることもなかったが、タラナキや、ラグビーが盛んな地域に行くと、僕を知っている人ももちろんいる。ラグビー選手に憧れる子供の気持ちは、自分自身がその一人だったからしっかり分かっていたが、あらためてその気持ちを思い出させてくれた。子供にとってラグビー選手はアイドルなのだ。僕にとっては父が最も身近なアイドルだった。街を歩くときはいつだって、当時の気持ちと、笑顔や手を振ること、挨拶を返すことの大切さを意識するようにしている。

友人関係においても、新たな気づきがあった。高校を卒業して初めの3年は、タラナキ、ハリケーンズそしてオールブラックスと目まぐるしく環境が変化していった影響で、連絡を取らなくなってしまった友人もいた。目の前の挑戦と、プロラグビー選手として成功することにすべてを注いでいたから、友人たちと連絡を取り合ったり、新しい友人をつくる機会を持ったりすることも減った。そして段々と、誰と付き合うべきか用心深くなっていった。

というのも、学生時代の僕を知っている昔からの友人たちは、純粋な友として僕と向き合ってくれていたのに対し、ラグビー選手として活躍すればするほど、勝ち馬に乗ろうとするような、僕が有名人だから仲良くなりたがる人が多く近づいてきた。いろいろな形での誘いがあり、その人が僕を一人の人間として見ているのか、それともラグビー選手として、そこに伴うさまざまなメリットある「存在」として見ているのか、本当の気持ちに気づくのが遅くなってがっかりするようなこともあったが、頭の中では常に、用心するように自分に言い聞かせてきた。

高い目標を持つことの大切さ

ここ数年、ラグビーの世界においても、メンタルヘルスのケアや、体の準備と同等に脳を準備するといった、心理的な側面を大切にすることの重要性が浸透してきた。

全員が体系的な「メンタルスキル」や学問としてのスポーツ心理を完璧に学ぶ必要はないだろうし、実際に全員が学んでいるわけではない。だが、例えば目標設定やキャリアプランニングなどは、学校、仕事、人生のそれぞれで気づかないうちに使っているものだ。大切なメンタルスキルの一つとして知らず知らずのうちに恩恵を受けている。

実際にキャリアが進むまで、僕は高い目標を持ったことがなかった。ハリケーンズの一員になることも、ましてやオールブラックスのジャージーに袖を通すなんていうことも夢のまた夢だった。常にどこかで自分のことを、田舎の酪農家の息子でしかないと思っていた。数値化できるもの、例えば体重や、ベンチプレス、スクワットの重量は目標を設定できたが、どんな選手になりたいか、どんなキャリアを歩みたいかなどは、イメージが湧かなくて、どんなに大まかな目標やプロセスも思い描くことができないでいた。

しかし、段々と上のレベルで活躍できるようになってからは、タラナキ出身の痩せっぽちがこんなところまでいける！　ということを見せて、大きな学校に通っていなかったり、スカウトの目につくチャンスの少ない地方出身だったりする子供たちのインスピレーションになれたらいいと思うようになっていった。

このような、「誰かのきっかけになりたい」という自分の願いを実際の目標に転換し、落とし込む方法を習得できたのは、プロとしてのキャリアを歩み始めて何年もたってからのことだった。

オールブラックスに入ったばかりのころも、周りについていくのに精一杯で、頭に余裕がなかった。メンタルコーチのギルバート・エノカ氏と時間を共にするにつれて、誰かのためにという気持ちを実際のパフォーマンスに転換する方法を知った。それができるか否かが、良い選手と最高の選手の分かれ目になることを学んだ。

これらすべては、どれだけ早い時期に良い習慣を身につけられるかどうかにかかっている。学校の授業中に、サインプレーや、アイデアをノートに書き連ねていたことすらも、当時は気づいていなかったが、良い習慣の第一歩になっていたのかもしれない。もちろん授業を真剣に聞くべきところではあるのだが、ここはいったん目をつぶってほしい！

このように時間を見つけてはラグビーのことを考える以外にも、ゴールキックのルー

メンタル・コーチのギルバート・エノカ氏と。
「『良い選手』と『最高の選手』の違いを教えてくれた」

ティンも、練習、食事、回復のすべてに毎回真剣に臨むことも、すべて習慣づけることで、選手として一歩ずつ着実にレベルアップしていくのを感じるはずだ。プロの世界に足を踏み入れたばかりのころは、自分のキャリアが何年続くのか、10年後も現役でいるのか、何も分かっていなかった。そんな中で今日この日までプレーを続けられている理由の大きな部分は「計画と準備」。自分を律して真摯に向き合ってきたことにあると思う。ラグビーはどんなときでも楽しくあるべきだと信じていたし、今も信じているから、毎回すべてを完璧にしようと、自分に必要以上のプレッシャーをかけることはしてこなかった。しかし、準備の段階で自分に嘘をつかず、近道や抜け道を探さず、細部に手を抜かず、「計画と準備」に向き合うことが、結局は自分のためになることを少しずつ理解していった。

裏庭でボールを蹴って追いかけることを、コーラのボトルでキックティーを作ることを、そう、ラグビーを、どれだけ楽しんでいたか。苦しいときは必ずこの感覚を思い出すようにしている。ときが来て、プロとしてのプレッシャーをどうしても楽しめなくなった日には、ニュープリマスに帰ってコースタルのみんなと土曜日の試合、そしてビールをまた楽しめばいい。

もちろん、それが意味するところが、例えば収入も一般的になるということだというのは分かっている。世界中を飛び回ること、自分や家族の明るい未来を築くために十分な生活ができること、そしてかけがえのない友情の数々。これらは全てラグビーが僕に授けてくれた贈り物だ。

自分自身が本当に何を成し遂げたいのか？

メディアとの付き合い方は、どれだけ考えても対策しても切りがない。特に若手時代は、批判的な記事を目にして、自分の能力に疑いを持ったり、落ち込んだりすることも多くあった。見てしまったら嫌な気分になることは避けられないから、そもそも見ないようにしようと、あるときからすべてをシャットアウトするように変えた。ラグビーオタクとも言えるぐらい、自分が出場していなくても、世界のラグビーを追いかけるのが好きだった僕にとっては難しいことだったが…。それでも、その決断は間違っていなかったと思う。はっきりと線を引かないと、ずるずるとネガティブな世界に引き込まれてしまっていただろう。

SNSで人とつながるのも個人的には大好きだが、ここにもやはりネガティブな側面がある。オンラインでのいじめや攻撃は決して許されるべきではない。本人に直接言えないようなことが、ネット上だと許されるなんてことは絶対にあってはいけない。SNSのネガティブな面との付き合い方に特別な手法は必要ない。完全に誤った情報を信じてしまっている人がいたら、シンプルに事実を教えてあげるか、笑顔の絵文字か、もちろんブロックボタンを押すしかないこともある。

SNSをやらない。それ以外に、そのネガティブな面を完全に排除する道はない。それでも僕がSNSを続ける理由は、僕の投稿やメッセージで誰かが楽しんでくれたらいい、という思いがあるからだ。もちろん続けている以上ネガティブなコメントや外野からの的外れなアドバイスもどきもあるが、本当のアドバイスや意見はインターネットからではなく、周りの信頼し尊敬する人々から直接聞けると分かっているから大丈夫だ。

僕がラグビーをプレーする理由はたくさんあって、その理由は時間と共に変化してきた。若いころの僕にとっては、タラナキ、ハリケーンズ、オールブラックスのそれぞれでプレーできることに抱いていた情熱そのものや誇らしさ、そして一つ一つのスキルを向上させていくことの喜びがラグビーを続ける理由であり原動力だった。しかしキャリアが進むに連れ、プレー以外に考える要素も増え、ただ楽しんでいれば良かった若手時代と同じマインドセットを維持するのが難しくなった。自分が何を成し遂げたいのか、自分自身に誠実に、正直に尋ね直して、「理由」を再考する必要が出てきた。

人生やキャリアで何を成し遂げたいか、本当に正直な願いを口に出すことは、今の自分の弱みを認めることでもあり、大きな勇気が必要だ。僕の場合は、「オールブラックスでレギュラーになりたい。ニュージーランドで最高のSO（スタンドオフ）になりたい。そして世界で最高のSOになりたい」と口に出してみたら、そこから「世界最高の選手になりたい。そしてラグビー史上最高の選手になりたい」と自然と口が動いて気づかされた。自分が心の底で何を望んでいて、それがいかに大胆なものであったかを…。

まだまだ現役でプレーを続けられることを願っているが、いつ引退したとしても、それぞれのチームでプレーすることに誇りを持ち、フィールドではファンを楽しませ、観ていて楽しい選手として人々の心に残ることができていれば光栄だ。

そしてもう一つ、田舎の小さな町の出身でも、大都市の出身でも、好きな何かにおいて、目標を高く持って努力を重ねればどんな夢でもかなう！

そのことを次の世代に伝えられることが、もしできたとしたら、これほど嬉しいことはないと思う。

JIM BEAM
SUNTORY
GILBERT
TOP LEAGUE
THE FINAL

エピローグ／特別インタビュー

日本で過ごした貴重な日々

日本で生活して、サントリーの一員としてプレーして、その決断は正解でした。
いいラグビーができたし、いい生活を日本で送ることができました。

SUNGOLIATH
MALTS
SUNTORY
SUNGOLIATH

The PREMIUM MALT'S
SUNTORY

GILBERT

For Earth, For Life
12
GILBERT

GILBERT

NEVER
GIVE UP
10
SUNTORY

SUNGOLIATH
adidas
SUNGOLIATH

adidas
SUNGOLIATH
SUNGOLIATH
SUNGOLIATH

adidas

adidas
SUNGOLIATH
SUNGOLIATH
40th ANNIVERSARY
Since 1980

素晴らしかった日本の環境

２０１９年のラグビーワールドカップを終えた後、私はすぐに２０２３年のラグビーワールドカップをターゲットにしました。

それに向けていい準備を重ねようと思いました。その大会で好パフォーマンスを出すことを目標に、それを常に念頭に置いて行動しようと決めました。

そして、もう一度オールブラックスでプレーするため、２０１９年のうちにニュージーランド協会と4年契約を結ぶことができました。幸運なことに、その契約の中には一年間のサバティカル（在外活動、休暇など）を取ってもいいという内容を含んでもらえました。

いろいろなオファーがありましたが、私はその中から、日本で、そしてサントリーサンゴリアスでプレーすることを選びました。

私は、２０１９年のラグビーワールドカップをはじめ、オールブラックスやスーパーラグビーでの試合で、以前に日本に滞在したことが何度かあります。そのときの記憶を思い返せば、いい思い出しかありません。日本でプレーする決断の一番の理由はそこでした。

私は9年間に渡り、ハリケーンズに所属してきました。2020年シーズンからはブルーズでプレーすることにしましたが、それは大きな決断でした。そして、さらに違うチャレンジをするなら、このタイミング（2021年）がベストだと思いました。それで、海外でプレーすることにしたのです。

結論から言うと、日本で生活をして、サントリーの一員としてプレーして、その決断は正解でした。いいラグビーができたし、いい生活を日本で送ることができました。

前述のように試合や大会で来日したほか、アディダスなどの仕事で、日本での時間を過ごしたことがあります。今回はサントリーでプレーすることにより、長期にわたって滞在するという幸運な機会をもらいました。そのおかげで、あらためて日本を好きになりました。

なんといっても人が親切です。日本の文化も素晴らしい。他者に対するリスペクトや食事などについて、私はとても気に入っています。

過去の滞在はラグビーの試合が目的だったので日本のいろいろな場所を旅行することはできていません。しかし今回は日本で生活するようになったので、いろんなところを旅することも目標の一つでした。もっと日本を満喫したかった、というのが正直な気持ちです。

コロナ禍の影響でそういうことができなかったのは残念です。だから、できればまた日本に戻ってきたい。もう一度生活できれば、そのときにはコロナの状況も落ち着いていて、日本のいろんなところを旅することができるでしょう。多くのことを知ることもできます。ぜひ、実現したい将来の夢です。

家の近くにいつも行くレストランやカフェを見つけました。ただ、日本には素晴らしい食事を提供してくれるところが無数にあるでしょう。一生かけても網羅できないほどだと思っています。

私の家は東京から少し西に外れたところにありますが、電車に乗ればすぐに都心に行けるので、妻と子供と一緒に散策をしました。レストランやカフェ巡りに多くの時間を費やして、日本では2回しかゴルフをプレーしていません。ゴルフより、東京の街や飲食店の散策に忙しかったのです。

高いレベルの日本のラグビー

ラグビーに関しては、率直に言って、スピードとスキルレベルの高さに感銘を受けました。

現在のトップリーグは、トップレベルとボトムのチームの間には少し差がありますが、その差はいずれ解決するでしょう。日本ラグビー協会が主導して子供を中心としたラグビー普及をしていくのが第一歩だと思います。大学のラグビーが非常に盛り上がっていることも知りました。幅広くラグビーが普及していけば、自然とリーグ内のチーム格差は縮まっていくでしょう。

多くの人が、私が休暇のために日本でプレーすると思ったかもしれませんが、それは絶対に違います。実際にやってみて思ったことは、日本のラグビーのレベルは高く、しっかりとハードにトレーニングしなければ、いいパフォーマンスを出せない環境にあるということです。そのおかげで、私は以前よりいい選手になってニュージーランドに戻ることができそうです。

サントリーのチームメートとのハードなトレーニング。これまでと違うスタイルのラグビー。異国でのプレーと生活。すべてのチャレンジを楽しみました。そして、それらが私の成長を助けてくれると思います。

私はどこでプレーしようが、以前の自分より1パーセントでも良くなることをモットーにしています。キャッチ、パス、キック、タックルといった全てのスキルを、サントリーでプレーしながら1パーセントでも良い状態にして日本を離れるつもりです。

サントリーで実践したラグビーのスタイルやストラクチャー、システム、攻撃のパターンは、ニュージーランドに持ち帰ることができると思っています。日本独特のスタイルを持ち帰ることは、自分とチーム、両方のレベルアップに生かせると思います。

ハリケーンズやオールブラックスでプレーしているときは、ほとんどの人間が同じ国の人間、ニュージーランド人とプレーしていましたが、サントリーにはいろんな国から来ている選手がいます。日本人もいれば、ワラビーズでプレーしたサム・ケレビ、ショーン・マクマーンがいて、トム・サベッジといったイギリスでプレーした選手、もしくはジョシュア・スタンダーといった南アフリカ出身の選手もいる。いろいろなバックグラウンドを持ち、さまざまな経験をしている選手が集まっている中でプレーするのは、ニュージーランドではなかなか経験できないことでした。

日本特有の環境としては、社員選手と一緒にプレーしたことも挙げられます。彼らはラグビーを非常に楽しんでいます。社員選手は社業もあって、ラグビーをプレーしています。彼らは、バランスのとり方が非常に巧みで、一生懸命でした。それは、私が自分の人生の中でラグビーと家族とのバランスをとるときなどに参考になると感じました。

なぜラグビーをするのか。選手によって、それぞれ理由の違いはあるでしょう。仕事としてやっている。本当にラグビーが好きだからプレーしたい。少しずつの違いはあるものの、それぞれがラグビーを楽しんでいました。

本来であれば社員選手とラグビー以外のところでも一緒に飲みに行ったり、食事をしたりしたかったのですが、コロナの影響でそれがなかなかできなかったのは残念です。社員選手とフィールド以外のところでも一緒に時間を過ごしたかった。

日本のラグビーは、試合のスピードがとにかく速い。ニュージーランドもオーストラリアもラックでのリサイタルスピードについては非常に速く、そこにこだわっていますが、特にサントリーはアグレッシブかつペースの速いアタックをするので、そのアタッキング・ラグビーは、私がニュージーランドで経験してきたものより一つ上をいっていると感じました。

快適な環境が整えられたクラブ

サントリーは、非常にいいマネジメントをしてくれるクラブでした。選手がラグビーだけに集中できる環境を作ってくれました。全体のスケジュールもそうですし、トレーニングや試合がとてもオーガナイズされていました。食事やチームから支給されるウエアも含めて素晴らしかったです。クラブハウス内でのウエアの洗濯も面倒を見てくれるので、非常に効率よく仕事ができました。

自分が所属したクラブのことしか分かりませんが、日本とニュージーランドを比べたとき、はっきりと違いがあるとしたら、日本とニュージーランドでは、クラブ運営にかける人数が、日本の方が多いと思います。

どちらが良い、悪いということではありません。幸運にもサントリーには多くのスタッフがいて、それぞれのスタッフがしっかりと仕事をしてくれているので、快適な環境が整えられていました。ニュージーランドのチームはそれほどスタッフの数は多くないので、限られたことしかできません。ときには選手がマネジメントスタッフを助けながら一緒に仕事をすることもあります。私はニュージーランドの、選手がスタッフを助けながら運営するスタイルも尊敬しています。

日本はラグビーファンも素晴らしい。いつも、何千人ものお客さんがスタジアムに来てくれました。ただ今シーズンに関しては、コロナ禍の影響で観客数に制限がかかっていて、本来ならもっと多くのお客さんが来てくれていたと考えると、その点は心残りです。

コロナ禍で試合後にファンと一緒に写真を撮ったり、サインをしたり、そういったことができないのも寂しいものでした。いいプレーをすることに加えて、試合会場では笑顔で手を振ることくらいしかできませんでした。ファンサービスが十分にできなかったのは残念なことでした。

私がすぐにチームにフィットできた訳

ラグビーワールドカップ開催を機会に、多くの日本の子供たちがラグビーを始めたと知り、嬉しく思いました。

ラグビーがうまくなるには、何より、楽しむことです。私がなぜ現在のようなプレーヤーになれたかと考えると、ラグビーが好きで、エンジョイしてきたからです。そのエンジョイが、やがてハードワークにつながっていったのです。

私は、幸運にも家の裏に大きなスペースがありました。そこで兄弟と一緒にタックル、パス、ランを自然にやるようになり、それが純粋に楽しかったから続けてきました。

今の世の中では、子供たちは、すぐに映像にアクセスできます。好きな選手のプレーを見て、楽しむこともできます。スキルを学びたい、向上させたいと思うのであれば、ヒーローたちのまねをすることから始めてもいいと思います。

私をまねてもらってもいいと思うのですが、試合に向けての具体的なルーティンなどを私は持っていません。試合への準備は、何か決まったことをするというより、常にプランニングしておく。私は、そこに重きを置いています。

週末の試合で良いパフォーマンスを出すために、今週はどのタイミングで、どういった練習を、どれくらいの時間やるかということを計画します。

あくまでも私の個人的な例ですが、ゴールキックに関しては月曜日、火曜日、木曜日、金曜日に練習すると決めていて、時間は15分から30分にしています。パス、タックルについても、必ず火曜日と木曜日にやります。割く時間も決めます。他にもハイボールキャッチは木曜日とか、必ず一週間の計画を立てます。試合直前のルーティンより、一週間の過ごし方を大事にしています。

チームは毎週の対戦相手によってゲームプランを変えると思います。しかし、個人的なプランニングは違います。全体の10パーセントから20パーセントを、その週の自分に必要なフォーカスポイントに沿って変えることはあっても、80パーセントから90パーセントは常に同じものをキープしています。

その週の試合に合わせて特別なキック、特別なパスが必要とされることがあるので、そこに向けていつもよりもキックの練習を増やすとか、パスの練習を増やすといった感じです。

私が来日してすぐにチームにフィットできたのは、プレシーズンマッチのときにチームのディレクター・オブ・ラグビーでもあるエディー・ジョーンズ氏（イングランド代表監督）が来ていて、アドバイスしてくれたことが大きかったと思っています。

エディーは私に、「（私が）全部のことをやる必要はない。まずはラグビーを楽しむことに集中した方がいい」と言いました。その言葉に助けられました。すべてを背負い込まず、自分のできること、自分の役目をしっかりと行うことにフォーカスできました。

そんなサポートもあり、チームメートとうまくプレーできたと思っています。サントリーの仲間は、本当に優れた選手が多い。みんな、ニュージーランドに連れて帰りたいほどです。バックラインのほとんどはスーパーラグビーでも活躍できると思っています。FWは社員選手も多いのでスーパーラグビーには行かないとは思いますが、良い選手がそろっています。

この本で私が伝えたかったこと

この本は、私の人生、少年時代からオールブラックスに至るまでの半生を書いた本です。日本の読者が読んだとき、タラナキの農場で育ち、そこからオールブラックスの一員になるストーリーはなかなかイメージしづらく、ピンと来ないかもしれません。しかし私が伝えたいことは、さまざまなエピソードを重ねていく途中で決断が必要なときに、どういう判断をしてきたかということです。

ラグビーを始めたきっかけは何だったのか。

父親の背中を追って、兄弟と一緒に小さな農場で切磋琢磨しながら遊んだことについて。

タラナキ、ハリケーンズでのプレー。そして、オールブラックスになれた幸せ。そういった、人生の途中にあったモチベーションやストーリーが、この本には書かれています。いくつかのキーモーメント、デシジョンメイキングも。

特に若い人には、ティーンエイジャーのときに下す決断、判断について参考にしてもらえたら嬉しいです。

ただ、ここに書いてあることだけが正解ではありません。あくまでも私が歩んできた道のりであって、一つの参考にしてもらえればいいと思います。キャリアの中で下してきた判断が、少しでも若い人たちの参考になったなら本当に嬉しいですね。

Profile

ボーデン・バレット

1991年5月27日生まれ、ニュージーランド・ニュープリマス出身。2010年、タラナキで国内リーグデビューを飾り、2011年からはハリケーンズの一員としてスーパーラグビーに出場。2012年にニュージーランド代表に初選出されると、2015年のワールドカップ（イングランド大会）では決勝のオーストラリア戦でトライを決めるなど優勝に貢献した。2016年、2017年に２年連続でワールドラグビー最優秀選手賞を受賞。2019年のワールドカップ（日本大会）では３連覇こそ逃したものの、予選プール・カナダ戦に実弟のスコット、ジョーディーとともに先発し、大会史上初めて３兄弟全員がトライを決めた。同年、ニュージーランドラグビー協会およびブルーズと４年契約を締結し、サバティカル制度を利用して2020年７月にサントリーサンゴリアスに加入。ジャパンラグビートップリーグ2021で128得点（リーグ戦／６トライ、37ゴール、８PG）を記録して得点王に輝いた。

特別協力　HALO SPORT
サントリーサンゴリアス

写真協力　松本かおり
Getty Images

デザイン　黄川田 洋志（ライトハウス）

翻訳：山内 遼◎やまうち りょう

1997年8月18日生まれ、北海道札幌市出身。幼少期をアメリカで過ごし、高校時代はアルゼンチンでスペイン語とラグビーに没頭。英語、スペイン語のほかに、ポルトガル語やトルコ語も操る。現在は東京外国語大学国際社会学部に籍を置き、プロの通訳としても活動している。合同会社山内商店代表。

BEAUDY《ボーディー》 ボーデン・バレット

世界王者《せかいおうじゃ》の司令塔《しれいとう》 ～頂《いただき》への道《みち》のり～

2021年5月31日　第1版第1刷発行

著　　者　ボーデン・バレット／リッキー・スワンネル
訳　　者　山内《やまうち》 遼《りょう》
発 行 人　池田 哲雄
発 行 所　株式会社ベースボール・マガジン社
〒103-8482 東京都中央区日本橋浜町2-61-9
TIE 浜町ビル
電　　話　03-5643-3930（販売部）
03-5643-3885（出版部）
振替口座　00180-6-46620
https://www.bbm-japan.com/

印刷・製本　大日本印刷株式会社

Printed in Japan
ISBN 978-4-583-11377-7 C0075